北宋龙泉窑略论稿

郑建明 —— 著

文物出版社

北京·2023

图书在版编目（CIP）数据

北宋龙泉窑略论稿 / 郑建明著. —— 北京：文物出
版社, 2023.10
ISBN 978-7-5010-8144-8

Ⅰ.①北… Ⅱ.①郑… Ⅲ.①龙泉窑－青瓷（考古）－
研究－北宋 Ⅳ.①K876.34

中国国家版本馆CIP数据核字（2023）第146173号

地图审核号：浙丽S（2023）3号

北宋龙泉窑略论稿

著　　者　郑建明

责任编辑　谷艳雪　王　媛
责任印制　张道奇

出版发行　文物出版社
社　　址　北京市东城区东直门内北小街2号楼
邮　　编　100007
网　　址　http://www.wenwu.com
经　　销　新华书店
制版印刷　天津图文方嘉印刷有限公司
开　　本　710mm×1000mm　1/16
印　　张　14
版　　次　2023年10月第1版
印　　次　2023年10月第1次印刷
书　　号　ISBN 978-7-5010-8144-8
定　　价　190.00元

目 录

第一章

概　述

一　龙泉历史沿革与生态环境

龙泉窑核心窑场均分布于龙泉市，因此得名。龙泉市是浙江省西南部丽水市代管的一个县级市。

丽水于隋开皇九年（589）建处州，开皇十二年（592）改为括州，大业三年（607）改为永嘉郡。唐武德四年（621）复改为括州，大历十四年（779）改为处州。元至元十三年（1276）改为处州路，至正十九年（1359）改为安南府，随后改为处州府。1949年设丽水专区，1968年改称丽水地区，1978年设立丽水地区行政公署，2000年撤销行署建制，设丽水市。

丽水市位于浙江省西南部，在浙闽两省交界处，东南与温州市接壤，东北与台州市相连，北邻金华市，西接衢州市，西南则与福建省为邻。是浙江陆域面积最大的一个地级市，下辖莲都区、龙泉市、云和县、庆元县、松阳县、遂昌县、缙云县、青田县和景宁畲族自治县。

以中山、丘陵地貌为主，地势由西南向东北倾斜（图1-1）。西南部以中山为主，有低山、丘陵和山间谷地；东北部以低山为主，间有中山及河谷盆地，属"九山半水半分田"。海拔1000米以上的山峰有3573座。龙泉市凤阳山黄茅尖海拔1929米，庆元县百山祖海拔1856.7米，分别为浙江省第一、第二高峰。

有瓯江、好溪、飞云江、灵江、闽江、交溪水系，仙霞岭是瓯江水系与钱塘江水系的分水岭，洞宫山是瓯江水系与闽江、飞云江和交溪的分水岭，括苍山是瓯江水系与灵江水系的分水岭。北边的仙霞岭与南边的洞宫山所夹全市第一大江瓯江水系，发源于庆元县与龙泉市交界的洞宫山麓，自西向东蜿蜒而入，在丽水市区折向东南，奔向温州后入海（图1-2）。丽水市所辖诸县（市、区）均依水而居，瓯江串起了龙泉、云和、丽水市区、青田，遂昌与松阳傍松阴溪为邻，小溪过景宁而在青田汇入瓯江，庆元的松源溪则是闽江的一大支流。

图 1-1　丽水地区典型生态

丽水地区是龙泉窑的核心分布区域，这里的窑址数量庞大、产量巨大，产品质量高，是南北窑业文化发展的集大成者，也是中国青瓷的最后绝唱。除龙泉市以外，在云和、缙云、丽水的莲都区亦有大量窑址分布，并且远及遂昌、青田等地。

图 1-2　丽水瓯江沿岸地形

龙泉是隶属于丽水市的一个县级市，位于浙闽两省交界处，东边与云和、景宁为邻，南边连接庆元县，北边是遂昌、松阳两县，西边则为福建的浦城县，是连接浙闽的重要通道。

龙泉历史悠久，新石器时代就有人类在这块土地上劳动生息。东晋太宁元年（323），属永嘉郡松阳县，建置龙渊乡。唐武德三年（620），因避高祖李渊讳，改龙渊乡为龙泉乡。唐乾元二年（759），建立龙泉县，县治地黄鹤镇（今龙渊镇）。宋徽宗宣和三年（1121），诏天下县镇凡有龙字者皆避，改名剑川县。宋绍兴元年（1131）复名龙泉县，沿袭至今。宋庆元三年（1197），析龙泉之松源乡及延庆乡部分地置庆元县。明洪武三年（1370），庆元县并入，洪武十三年（1380）十一月复置庆元县。1949年5月13日龙泉解放。1958年11月，庆元县并入。1973年7月复建庆元县。1975年8月，龙、庆二县始分属办公。1990年12月26日，经国务院批准，龙泉撤县设市（县级）。

图 1-3　金村窑址所在的瓯江上游河段

龙泉窑遗址所处地形主要为丘陵和山地，海拔280~650米。窑址主要分布在平缓山坡和山间谷地，茂密山林、长流溪水、优质瓷土为窑业的发展提供了丰富的燃料和原料，许多窑址周边可见明显的瓷土采集痕迹。遗址区内主要河流为梅溪、南溪（属龙泉溪），为瓯江上游，属瓯江水系。梅溪、瓯江是古代龙泉青瓷外运的主要水运通道（图1-3）。

二　龙泉窑概述

　　龙泉窑是我国文化内涵庞杂、生产地域广阔、规模十分壮观的青瓷窑业系统，也是中国历代青瓷工艺技术发展的集大成者，在中国陶瓷史上占有极其重要的地位。它主要分布于浙江的瓯江流域，其主体遗存和瓷业生产中心位于瓯江上游的龙泉市，而龙泉市又以作为核心区的南区大窑、金村、溪口、石隆产品质量最高，东区紧水滩水库一带的窑址群虽然规模十分庞大，但时代较晚且质量较差，与外销紧密相关。仅龙泉市区域内，目前保存的窑址就有300多处。

　　龙泉窑所在的丽水地区窑业最早出现于隋唐时期，但生产规模极小且序列不完整。真正的龙泉窑于北宋早中期前后才开始在金村地区形成规模化生产，北宋晚期形成自己的风格，南宋至元代早期迎来发展的鼎盛时期。高质量的龙泉青瓷生产历史一直延续到明代早期，明中期以后式微。龙泉青瓷在清代仍有生产，但面貌完全变化。进入民国时期，由民间艺人开始探索恢复传统的龙泉青瓷技艺。20世纪50年代，在国家的大力支持下，龙泉窑成为新中国成立后第一批得到恢复的古代名窑。

　　北宋时期的龙泉窑均为薄的透明釉青瓷，流行各种刻划花装饰。进入南宋时期，受汝窑技术影响，龙泉窑开创了粉青厚釉青瓷，以失透如玉的效果在宋代瓷器中独树一帜，形成了自己独特的风格，不仅由此进入了宋代名窑的行列，而且使传统青瓷的如玉效果登峰造极。在器形上除烧造碗、盘类日用器外，还有不少仿青铜器造型的礼器与陈设用器，极少装饰，以简洁的造型与如玉的釉色为美，少量的装饰则以堆塑为特色。进入元代晚期至明代早期，伴随着粉青厚釉青瓷在技与艺等各方面的衰退，装饰又开始流行，釉色由失透的粉青转变为较透明的梅子青，装饰技法流行刻划花、印花、贴花、露胎等，有少量的褐彩。器形由南宋时期的轻巧秀气又不失庄重向厚重粗笨转变。

龙泉窑青瓷与宫廷用瓷有着密切的联系。早在北宋晚期形成自身风格之际，即通过"制样须索"的途径，承担高质量宫廷用瓷的生产，南宋至元代早期达到了顶峰，并一直延续到明代早期。宋元时期的此类高质量青瓷产品可分成白胎与黑胎两大类型，其黑胎产品大多器形轻巧、造型端庄，礼器或陈设瓷占相当比例，釉面多开片而釉色、片纹各异，与南宋官窑有着密切的联系。根据其紫口铁足、普遍开各种片纹等特征，龙泉黑胎青瓷可能就是明清文献记载的宋代哥窑。

龙泉窑作为我国最后的庞大青瓷窑场，对中国的制瓷业、中国文化及中外文化交流等具有重要的影响。元明时期，龙泉窑的制瓷技术呈放射状向外传播，除周边的丽水、金华、衢州、温州等诸多县市均有生产外，还远及福建、江西、两广甚至贵州一带，形成庞大的龙泉窑系，在中国制瓷史上占有重要地位。除技术外，龙泉窑的产品影响的范围更大，不仅在国内有广泛的分布，而且还大量地远销日本、韩国以及东南亚、南亚、西亚、东非诸国，是中外文化交流的重要载体。

两宋时期政治经济环境宽松，静谧的书斋庭院，文人墨客焚香品茗，在袅袅琴声中寒梅相伴、焚香听雨的文士情怀成为时人附庸的主流。龙泉窑的产品正好唱和着士大夫们"窗明几净，闲临唐帖，深炷宝奁香"的清净、轻秀审美取向，造就了香事和青瓷的鼎盛期。"冰瓷莹玉，金缕鹧鸪斑"的炉香烟影，流淌在千年思绪中，从辽远处牵惹着文人的情怀。

南宋早期皇权回收，士人的主题开始转向内心的修为，表现在瓷器的品位上开始崇尚形体的完美简洁，器物造型精致利落，不枝不蔓，具有纯粹白描的风格，通过简洁的形体线条，流露出"渐老渐熟，乃造平淡"的通透感。

元统治者放弃了雍容大方的宽容态度，社会风气中不再有"胆瓶花在读书床"的宋时风雅。此期青瓷多外销，异域风格的产品层出不穷，制作精良的大型器物成为时代特色。

明代政治上的严酷使文人的思想只能禁锢在对古典的诠释，此期器物制作逐渐转向粗率，最终轻薄得没有了文化的内容，故种类数量务求其多，仿佛盘中的阳光之味在时代的进程中日渐清淡。

三　龙泉地区历年来主要考古工作

20世纪20年代开始，陈万里先生走出书斋，开始对浙江的瓷窑址进行实地调查。陈先生迈出的这一步，不仅使其完成了从传统文人向近代考古学者的蜕变，同时亦拉开了近现代瓷窑址考古的大幕，在中国陶瓷史上具有里程碑式的意义。从1928年开始，陈万里先生先后八次对龙泉窑进行考古调查，在实地考察时对包括哥窑在内的龙泉窑问题进行了大量研究与思考。而龙泉地区正式的考古工作则要到20世纪50年代以后了。

（一）龙泉东区配合紧水滩水库建设而进行的考古调查与发掘工作

紧水滩水库建设工程三起三落，龙泉东区的考古工作亦随之起伏。最早于1958年初夏对龙泉东区及紧水滩水库淹没区进行实地调查，共确定窑址计75处；1974年4月至6月进行第二次调查，窑址数量有一定幅度的增长，达到了108处，其中大部分窑址均在水库淹没区内；1980年第三次调查，窑址总数翻了一番多，达到了218处，这也是目前对东区最为详细的调查，以及调查所知窑址的最大数量。在对龙泉东区的调查过程中，1959年在丽水市区范围内发现了宝定与吕步坑窑址。

1979年至1983年，国家文物局组织中国社会科学院考古研究所、中国历史博物馆、故宫博物院、上海博物馆、南京博物院和浙江省博物馆共同组成紧水滩工程考古队，分组、分地区对水库淹没区内的古窑址进行调查、发掘，主要有山头窑、大白岸、安仁口、安福、上严儿村和源口林场等地窑址。[1]

这一时期成果多数以简报的形式及时发表，主要有《浙江龙泉青瓷山头窑发掘的主要收获》《山头窑与大白岸——龙泉东区窑址发掘报告之一》《浙江龙泉市安福龙泉窑址发掘简报》《浙江龙泉安仁口古瓷窑址发掘报告》《浙江省龙泉青瓷上严儿村发掘报告》等。[2]后来浙江组经手发掘的山头窑、大白岸和

---

① 浙江省文物考古研究所：《龙泉东区窑址发掘报告》，文物出版社，2005年。

② 李知宴：《浙江龙泉青瓷山头窑发掘的主要收获》，《文物》1981年第10期；紧水滩工作考古队浙江组：《山头窑与大白岸——龙泉东区窑址发掘报告之一》，《浙江省文物考古所学刊》，文物出版社，1981年；中国社会科学院考古研究所浙江工作队：《浙江龙泉县安福龙泉窑址发掘简报》，《考古》1981年第6期；上海博物馆考古部：《浙江龙泉安仁口古瓷窑址发掘报告》，《上海博物馆集刊（第三期）》，上海古籍出版社，1986年；中国历史博物馆考古部：《浙江省龙泉青瓷上严儿村窑址发掘报告》，《中国历史博物馆馆刊》总第8期，1986年。

源口林场三个窑址群资料集结成《龙泉东区窑址发掘报告》，于2005年由文物出版社出版，这是龙泉窑第一部正式的大型考古发掘报告，对紧水滩水库主要发掘所得进行了系统阐述。[③]龙泉东区的考古发掘表明，东区的产品质量略次于南区，且主要的生产时间为元末到明代中期，不能全面反映龙泉窑的发展序列和工艺成就。

紧水滩水库的发掘工作，对于中国陶瓷考古具有里程碑式的意义。1981年，中国考古学会第三次年会在杭州召开，青瓷窑址第一次成为大会的主题之一。在大会上，苏秉琦先生提出，紧水滩水库的发掘标志着"我国考古学中一个新的学科分支'陶瓷窑考古'的崛兴"。

紧水滩水库考古发掘作为中国陶瓷考古学真正成熟的标志，不仅在于其是国内首次大规模陶瓷考古实践且有一系列考古简报与报告发表，还因为以任世龙先生为代表的学者由此对陶瓷考古的理论、方法进行了深入的思考，先后发表了《瓷窑遗址发掘中的地层学研究》《浙江古代瓷业的考古学观察——遗存形态·制品类型·文化结构》《瓷窑址考古中的"瓷窑"和"窑系"》《浙江瓷窑址考古实践与认识》等论文。[④]陶瓷考古作为考古学的一个分支学科，除遵循考古学的一般规律外，还有其强烈的自身特征。表现在地层学上，与多数遗址的地层逐渐形成的过程不同，窑址的地层尤其是使用过程中形成的废品堆积通常是"瞬间"形成的；同时因废品倾倒过程中流动的关系，窑址坡底部分的堆积层次远不及坡顶部分表现得清晰明确，坡底部分的堆积某种程度上与"二次堆积"相似。这些探索，对于今天的陶瓷考古发掘仍有重大的指导意义。

（二）为恢复龙泉窑而对龙泉南区的调查与发掘工作

1957年，浙江省文物管理委员会对包括大窑、金村在内的窑址进行初步调查，其中以大窑工作为主体。

[③] 浙江省文物考古研究所：《龙泉东区窑址发掘报告》，文物出版社，2005年。

[④] 任世龙：《瓷窑遗址发掘中的地层学研究》，《考古学文化论集（三）》，文物出版社，1993年；任世龙：《浙江古代瓷业的考古学观察——遗存形态·制品类型·文化结构》，《浙江省文物考古研究所学刊》，长征出版社，1997年；任世龙：《瓷窑址考古中的"瓷窑"和"窑系"》，《浙江省文物考古研究所学刊（第五辑）》，杭州出版社，2002年；任世龙：《浙江瓷窑址考古实践与认识》，《宿白先生八秩纪念文集》，文物出版社，2002年。

1959年至1960年，浙江省文物管理委员会组成龙泉窑调查发掘组，对龙泉南区古代瓷窑进行调查，并对大窑和金村两个地方的数处窑址进行了局部发掘和试掘（发掘地段目前编号为大窑A3-34、A3-51、A3-53、A3-54、A3-55，金村A3-25、A3-26，窑址发掘点数量较多，但规模均较小，总计发掘面积仅600余平方米），通过地层叠压关系初步了解了龙泉窑主要的发展脉络。简报于1988年发表于《龙泉青瓷研究》。此次调查初步理清了龙泉窑最核心地区——龙泉南区窑业的基本面貌与发展脉络，即至少在南宋时期，龙泉窑厚釉类产品可以划分成黑胎与白胎两类，其中的黑胎产品与南宋官窑有着密切的关系。

　　1980年，任世龙先生对金村窑址进行调查，在屋后的断面上发现了上下叠压的"五叠层"，从而建立了金村地区窑业发展的完整序列。同时，依据龙泉金村窑址调查中所发现的五叠层堆积关系，龙泉大窑和金村窑址发掘所得的地层编序，龙泉东区大白岸、山头窑窑址地层编年资料，在明确划分龙泉青瓷两大系列、三个不同品种的类型学研究基础上，提出了六大考古期别，首次建立起"白胎、淡青色薄釉、纤细划花"→"灰白胎、青绿色薄釉、内外双面刻花"→"厚胎薄釉、器里单面刻花"→"厚胎薄釉与薄胎厚釉共存，盛行外壁单面刻划莲瓣纹共饰"→"厚胎厚釉，釉色葱绿高档青瓷"→"胎质粗劣、坯体厚重、釉色灰绿"的序列框架。⑤

　　"在龙泉金村和与之地域相连的庆元上垟窑址群落中，明确存在着与北宋前期越窑瓷器风格面貌雷同的一类遗存，这可以视为未被吸收的外来因素，或者说成是越窑的'龙泉地域类型'。在金村的一处堆积断面上，其清晰的五叠层位关系表明，它和另一种以'双面刻划花'为特征的碎片堆积分处在五、四两个层位，两类遗存的包含物具有全面性的特征变异，显然难以视为同一系统的两个不同阶段，当属文化性质的不同。但是，在两种类型的制品中，却可以见到以'五管瓶'和与其配伍成双的'带盏长颈瓶'两种器形为典型代表的地方性独具因素。如果按照地层编年和拙作《龙泉青瓷的类型与分期试论》，把上述的两种遗存分别视为龙泉一、二两个期别，则随后的三、四两个分期可以明确无误地视作对第二期的继承和发展，从而构建起龙泉青瓷'厚胎薄釉刻划

⑤　任世龙：《龙泉窑的双线生产——再论龙泉青瓷的两大系列》，《浙江文博七十年文萃》，浙江大学出版社，1999年。

花'的形态序列。即便在第四期的龙泉南区遗存中，发现与它的形态特征恰好形成强烈对照的另一种序列遗存，即通常被描述成'薄胎厚釉素面'特征的青瓷，而构成两个序列平行共生时期，这个被称为传统特色的厚胎薄釉青瓷生产，也仍然是在当时占有绝对优势的主导地位，因而是龙泉窑的本体和主干系统，而薄胎厚釉者，仅仅是极有限的某几处窑场烧制的极其精美制品。但是这种历史真实却被人们的认识所扭曲，以至完全地被颠倒过来，'梅子青'之所以成为龙泉窑的代名词，其根本的原因即在于此。"⑥

这可以说是对龙泉窑的时空特征最深刻而全面的认识。

（三）以课题为导向对龙泉地区窑址的详细调查与重点发掘

自2006年起，经国家文物局批准，以龙泉窑研究作为重点课题，在制订五年考古工作规划的基础上，浙江省文物考古研究所等单位对龙泉地区的古代窑址进行了系统的全面调查，并对重点窑址进行了有计划的发掘。主要工作有以下几项。

1. 枫洞岩窑址的发掘

2006年9月至2007年1月，以探讨文献提到的"凡烧造供用器皿等物……行移饶、处等府烧造"这个明代处州官窑问题为目的，浙江省文物考古研究所等单位对大窑枫洞岩窑址（窑址编号A3-108）进行了联合发掘。此次发掘揭露出窑炉和大规模的生产作坊遗迹，出土了数十吨计的瓷片。窑址已发掘部分的烧成年代主要为明代（下有宋元时期地层），出土物中包括了大量与明代官窑青花瓷器具有相同造型和纹饰特征的器物，确认了龙泉窑在明代早期为宫廷烧造瓷器的事实，并且因为出土了丰富的明代早期遗物和有明确纪年的堆积层，从而对龙泉窑明代早、中期的分期有了崭新的认识，纠正了明代龙泉窑衰落的错误观点，并基本解决了元、明龙泉窑青瓷的分期和技术发展等问题。2009年出版了《龙泉大窑枫洞岩窑址出土瓷器》图录，正式发掘报告也于2015年出版。发掘现场已经妥善保护，建立了遗址博物馆并向公众开放。

2. 瓦窑垟窑址的发掘与溪口地区的调查

2010年底至2011年夏，对瓦窑垟窑址进行正式发掘，清理窑炉遗迹两处。其中一处有4条窑炉的叠压打破关系，最早的窑炉内出土两件黑胎青瓷。另一

---

⑥ 任世龙：《龙泉窑考古的历程——〈瓷器与浙江〉重读有感》，《东方博物（第三辑）》，杭州大学出版社，1999年。

处仅发现南宋时期青瓷，出土少量黑胎青瓷残片和极少量支钉窑具。该遗址地层完全被扰乱，但从器物形制和胎釉特征方面能清晰地区别宋元产品。黑胎青瓷残片出土相对较少，胎壁较薄，釉质有玻璃质釉和凝厚釉，釉色主要有灰青和粉青。

在发掘期间对龙泉溪口片窑址群进行了详细的专题调查，结果表明，烧造黑胎青瓷的窑场仅在南宋时期存在，并且溪口一带也仅有3处窑址。这表明龙泉黑胎青瓷的烧造并不是大规模存在，而是小范围小规模发生。也说明了黑胎青瓷的烧造技术在南宋时期是高端的制瓷技术，没有普及生产的可能性，其性质与宫廷有关。在随后进行的龙泉大窑各个遗址的调查中，有越来越多的证据能够证明这一点。几乎所有出土黑胎青瓷的窑址都是南宋时期的。

3. 瓦窑路窑址的发掘

2011年9月至2012年1月，对龙泉市小梅镇瓦窑路进行正式发掘，窑址位于小梅镇政府所在地，在大窑遗址保护区大窑片区和金村片区的中间空白地段。发掘揭露窑炉1座，器物填埋坑若干。出土黑胎青瓷的胎很薄，有两种釉品，即碎片纹玻璃质釉和粉青凝厚釉（不开片）。碎片纹玻璃质釉青瓷的釉质玻化，较透明，釉层开片密集，可谓"百坂碎"；釉色较深，主要有灰青色、灰黄色等；器形主要有八角盏、八角盘、菱口盘、悬胆瓶、纸槌瓶、鬲式炉、鼓钉炉、碗、盏、把杯、洗、碟、瓠、盒、唾盂、盖罐、鸟食罐、圆纽器盖等；器形小巧，制作工整。粉青凝厚釉青瓷主要出于窑炉底部，釉质凝厚不透明，色粉青，莲瓣纹碗、莲瓣纹盘、八角盏、菱口盏、八角盘、洗、樽式炉、圆纽器盖等器形与前者相同。

4. 大窑地区的调查与试掘

2011年9月至2012年1月，对大窑地区窑址进行初步的调查记录。同时对溪口瓦窑垟窑址出土器物进行初步的整理。

2012年2月至2013年8月，对大窑地区窑址进行全面系统的调查与重新记录工作，初步确立大窑地区各窑址的基本面貌、生产核心、产品序列等窑业基本问题。首先，在龙泉窑的乳浊厚釉青瓷起源问题上，大窑垟底一带发现了绍兴十三年（1143）的地层，其产品除沿袭北宋的透明薄釉外，还有少量的乳浊釉，首次从窑址资料上证明龙泉窑的乳浊釉至少起源于南宋早期，并在南宋中期前段成为主流产品。同时该地层中部分产品的器形及胎釉特征与南宋时期的越窑较为接近，如钟、折腹盘等，证明南宋早期龙泉窑可能与越窑一样，也通过"制样须索"的方式承担宫廷用瓷的生产，并且可能是主要产地。其次，发现了大量生产黑胎青瓷的窑址。龙泉黑胎青瓷的分布区域几乎覆盖龙泉市，生产规模较大，有将近30处窑址，而其生产的中心当在大窑地区。大窑黑胎青瓷的产品面貌相当复杂，除薄胎厚釉类精细器物外，亦有薄胎薄釉、厚胎薄釉、厚胎厚釉等类型，胎色从灰到灰黑千差万别，釉色亦复杂多样。大窑黑胎青瓷生产时代上不限于传统上认识的南宋晚期，往上可推至南宋早期，往后可延至元代，黑胎青瓷在龙泉地区完全可能有自身发生、发展、成熟与衰落的轨迹。以大窑为代表的龙泉黑胎青瓷，基本特征为黑胎，紫口铁足，胎骨厚薄不一，青色釉，开片纹，与文献记载的哥窑特征相吻合，可能就是文献记载的宋代哥窑产品。

同年，对溪口地区其余窑址进行了补充调查。

5. 金村地区的调查与试掘

2013年9月至2014年4月，对包括庆元上垟地区在内的金村窑址群进行全面系统的调查与记录，共确定窑址30多处。通过此次调查工作，不仅对该地区的古代窑业有了全新的认识，而且对整个龙泉地区的窑业生产有了新的认识。

6. 石隆地区的调查与试掘

2014年4月至8月，对石隆窑址群进行全面系统调查。石隆窑址群与大窑、金村窑址群同处一山岙中，大窑为中心，石隆与金村为一北一南两翼。该窑址群外界所知甚少，这是首次对其进行全面系统的调查与记录。窑址群共有近20处窑址，始于北宋晚期，主体时代为南宋中晚期至元代早期，数量最多、规模最大、种类最丰富、产品质量最高，几乎每个地点均有这一时期的产品。许多窑址从山坡至很高的山腰均有废品分布。主要器形有各种类型的碗、盘、洗、罐、炉、瓶、钵等，质量极高。胎普遍白中略带点灰，部分器物呈浅灰或深灰色，颜色深者甚至接近于黑胎。釉色以粉青、灰青、青黄等色为主，釉层普遍较厚，玉质感强。南宋产品以素面为主，凸起的莲瓣纹是装饰的主体纹饰，常见于敞口碗、直口盖碗、敛口钵等器物上，此外，部分器物也见有装饰凸起的弦纹、扉棱等。基本为匣钵单件装烧，M形匣钵为主，一匣一器，也有平底的匣钵。垫具均为瓷质，有圆饼形、圆饼中心略下凹形、T形等，T形垫饼底下通常再垫以小的泥饼以固定于匣钵底部。元代晚期至明代早期窑址数量极少，产品以碗与盘类器物为主。胎体厚重，但胎色普遍较早期更白。釉以梅子青色为主，也有豆青、青黄色等。流行刻划装饰，题材多为花饰。产品除白胎青瓷外，还有黑胎青瓷，胎色深浅不一，釉色变化极大，结合了大窑、小梅、溪口诸窑址的各主要釉色。部分土黄胎的器物釉色与传世哥窑接近，此地很可能是传世哥窑的重要生产地。

7. 龙泉东区的考古调查与资料整理

2013年2月至2014年3月，对龙泉东区窑址重新进行调查登记。这是自紧水滩水库蓄水后的首次全面系统的调查工作，重新确定了窑址的保存情况及数量等。

2014年至2016年，对龙泉东区历年来调查与发掘出土、存放在云和库房的标本重新进行了详细的整理工作，是目前对龙泉东区最全面的一次整理研究。

四　龙泉窑的基本时空格局

如果以现在的龙泉市以及庆元县的部分地区[⑦]作为龙泉窑的核心分布区，则该地区的窑业肇始于隋唐时期，五代虽然延续，但规模均不大，且分布零星，没有形成规模化的格局；北宋早中期前后开始成系列、成规模地生产，地域上主要包括庆元上垟地区在内的龙泉金村地区，可以看成龙泉窑的真正开端；北宋晚期或两宋之际开始扩展到包括金村、大窑、石隆、溪口、东区在内的整个龙泉地区，规模庞大，质量亦明显提高；南宋与元代的大窑地区取代金村成为最核心区域，而作为中心窑场大窑的重要补充，溪口、石隆规模亦不断提高，质量仅次于大窑，由此四个片区逐渐构成了整个龙泉窑的核心区；元明时期有外销等因素，龙泉东区的瓯江两岸因便利的水运条件等，规模不断扩大，甚至在产量上超过了大窑地区，但质量普遍较差，远不及大窑的产品；明代中期以后的龙泉窑整体质量下降，但整个龙泉窑的生产其实一直延续到今日。在产品类型上，北宋时期龙泉窑主要是装饰大量刻划纹的透明薄釉类制品，南宋或两宋之际的大窑接受北方汝窑的制作技术，并创烧成功粉青的乳浊厚釉类产品，使龙泉窑步入了中国古代名窑的行列。

---

⑦　庆元县的设置要晚至南宋庆元年间，因此早期龙泉窑的窑址均分布于当时的龙泉地区。

从目前的考古材料来看，龙泉窑除纵向的分期之外，横向上至少可以划分成多个类型。任世龙先生在《龙泉青瓷的类型与分期试论》《龙泉窑的双线生产——再论龙泉青瓷的两大系列》《论龙泉窑的时空框架和文化结构》等文章中，已经意识到龙泉窑除时代上的差别外，还存在着产品类型上的区别，并将之划分为所谓的"两路三类"，即薄釉刻花与厚釉制品两大系列，厚釉又分黑胎与白胎两类，共构成三大类产品。这是最早将龙泉窑置于完整的时空格局中进行讨论的。

以 2006 年大窑枫洞岩的发掘为契机，至 2015 年刚好 10 年，我们在龙泉地区进行了大量持续的野外考古发掘与调查工作。除继续发掘了溪口瓦窑垟、小梅瓦窑路、庆元黄坛等窑址外，还对龙泉整个区域内的窑址进行了全面系统调查与勘探，对于龙泉窑时空框架有了更为全面的认识。整个龙泉地区窑业地域性特征非常明显，按照各自特点，目前至少可以划分成金村、大窑、东区三大类型。

金村类型最早，在北宋时期开始烧造越窑系的淡青釉瓷器，以透明薄釉和刻划花装饰为主要特征。这一特征在金村地区一经出现就获得强大生命力，并在北宋晚期至南宋早期达到顶峰，许多器物双面满饰纹饰。到南宋中期，装饰的布局上虽由繁缛趋向于简洁，但薄釉刻划花装饰仍是金村地区主流。此外，南宋中期的金村地区在延续自己传统的同时，反过来接受大窑地区窑业的影响，开始生产乳浊釉类产品，但比例低、釉层薄且质量较差；金村地区的装饰技巧在乳浊釉类产品上得到了创造性发展，根据乳浊釉厚而失透的特征，其装饰技法由原来的阴线刻划发展成近浅浮雕的减地刻划法，纹饰清晰而简洁，题材主要是莲瓣纹。南宋晚期，在鼓凸莲瓣纹装饰的乳浊釉产品基础上，生产了一批极精致的厚釉类产品，进一步大窑化而自身特征不断减少。元明时期则已与大窑地区产品几无区别。

大窑地区在北宋晚期接受金村地区窑业的影响开始烧造瓷器，两地面貌非常接近，但最高质量的产品似乎仍主要在金村地区。南宋早期，大窑地区开始接受汝窑影响生产一种乳浊失透釉的产品，南宋中期前后迅速发展成主流，并出现多次上釉的厚釉类产品，从而为龙泉窑开创了一个全新的局面。大窑的乳浊釉青瓷烧造技术迅速扩张到金村、石隆、溪口以及东区，成为时代的主流，南宋晚期到元代达到鼎盛，其高质量的青瓷产品生产一直延续到明代早期。因此大窑地区是南宋、元代与明代龙泉窑的最核心产区。溪口与石隆地区在北宋末期或两宋之际开始窑业生产，南宋中期前后规模扩大、质量提高，但无论是规模还是质量均无法与大窑地区相比。由于溪口、石隆与大窑几乎处于同一山谷中，即使是北宋末的窑业，也更可能是受了大窑技术扩散的影响，到了南宋与元明时期，更是产品与大窑最为接近的地区。因此石隆与溪口的窑业可以与大窑看成同一类型，是大窑的重要补充。

东区的情况相对比较复杂。从目前的考古材料来看，最早的出现时间可能与溪口、石隆等地差不多，约在北宋末或两宋之际，面貌上亦为透明薄釉刻划花产品。虽然东区在南宋至元代在少量窑址（如云和梓坊）亦生产质量较高的厚釉素面青瓷，甚至是黑胎产品，但整体上看，南宋及以后这种刻划花薄釉技术的延续性与繁荣性甚至超过了金村地区。南宋中期除外腹鼓凸的莲瓣纹装饰外，还在大口器物的内腹部大量流行刻划云气、莲荷等纹饰，这种风格在金村地区也存在，但在东区可能延续时间更长，甚至可能到了南宋晚期至元代早中期。进入元明时期，则以模印、刻划、堆贴、修挖、镂空等技法，极尽装饰之能事，几乎是整个龙泉地区最富装饰性的一个类型。金村地区在南宋时期逐渐接受大窑的技术影响，到了元明时期几乎与大窑融合为一体。但东区的独立性明显高于金村类型，北宋末或两宋之际，这一地区始烧的窑业技术可能来自"大窑—石隆—溪口"一线的扩张，但在南宋中期以后并不像金村一样以牺牲个性来提高质量，而是将这一路刻划花装饰的薄釉技术进一步发扬光大，当然质量相对来说比较一般，尤其是进入明代中后期，几乎可以质粗色恶来形容。

以上之所以费如此多笔墨来介绍龙泉窑三个类型及其粗线条的发展脉络，是想将龙泉窑各个时期不同产品类型，尤其是本文将要探讨的北宋晚期产品类型固定在特有时空坐标内，以此为基础来探索它的来龙去脉与相互影响会更有意义。

从以上时空框架可以发现，南宋中期之前的龙泉窑注重吸收全国著名窑口的窑业技术并力图突破，北宋时期的努力主要集中在金村地区，南宋以后则转移到大窑地区。比较明显的是北宋中期对越窑的模仿与吸收，以及南宋早期或两宋之际对汝窑的模仿与吸收。而北宋晚期产品既不同于北宋中期的淡青釉瓷器，亦与南宋早期的乳浊釉青瓷有较大区别，应该是另有来源。要梳理这一来源，在理清龙泉地区自身发展脉络的基础上，结合横向与国内其他窑场的比较，会有更合理的认识。龙泉地区的发展脉络，从三个类型的演替来看，主要是在金村地区发展与扩张。因此，首先要梳理的是金村地区的发展脉络问题。

五 21 世纪以来龙泉窑考古取得的主要成果

（一）进一步厘清了龙泉窑的时空特征

1. 大窑地区

大窑地区考古工作的收获主要有三个：一是进一步明确了黑胎青瓷的数量、分布以及产品面貌；二是确定了乳浊釉的起源、发展过程；三是以乳浊釉的起源及其发展为中心，将大窑地区南宋时期龙泉窑青瓷做了详细分期。对于龙泉窑的黑胎青瓷，学术界熟知的是溪口瓦窑垟窑址，其产品一直是龙泉黑胎青瓷的代表。大窑地区的调查确立了本地区不仅是白胎青瓷的烧造中心，同时也是黑胎青瓷的烧造中心，其窑址的数量、产品的质量是其他地区所无法比拟的。乳浊釉的起源亦由原来认为的南宋晚期提前到了南宋早期，与越窑一样，这里是浙江地区最早烧造乳浊釉青瓷的地区，也是汝窑的传继者。乳浊釉瓷器从薄釉到厚釉、从一次上釉到多次上釉、从釉的颗粒较粗到釉的颗粒极细、从玻璃质感较强到玉质感较强，有一个清晰的演变过程，据此可将大窑地区龙泉窑发展分为四期，由此理清了南宋时期龙泉窑核心产品的演变过程。

2. 金村地区

在分期上，将原先的五期细化成北宋四期、南宋三期、元明两期共九期的发展序列，建立起金村地区古代窑业更为清晰的发展脉络，同时揭示了金村地区有别于大窑地区的独特窑业面貌。以此为启示，将龙泉地区的古代窑业至少划分成三个不同的类型，每一类型有自身完全不同的发展过程，同一时期不同类型的面貌差别较大。这是自 20 世纪 50 年代以来对龙泉窑认识的再次突破，即龙泉窑的面貌除划分成不同期别的时代差异外，还存在着地域上的巨大差别。

3. 溪口地区

调查结果表明，溪口烧造黑胎青瓷的窑场仅在南宋时期存在，并且溪口一带也仅有三处窑址有遗物存在。这表明溪口黑胎青瓷的烧造并不是大规模的存在，而是小范围、小规模的发生。也说明了黑胎青瓷的烧造技术在南宋时期是高端的制瓷技术，是其他窑场场主向往生产但不可能掌握的生产技术，没有普及生产的可能性，其性质与宫廷有关。在随后进行的龙泉大窑各个遗址的调查中，有越来越多的证据能够证明这一点。几乎绝大多数出土黑胎青瓷的窑址，都是南宋时期的。

北宋龙泉窑略论稿

4.石隆地区

这是在龙泉南区大窑、溪口、金村三大传统窑址群之外新增加的一个大型窑址群，调查确认其烧造的时间从北宋晚期一直持续到元明时期。产品类型上，除烧造白胎青瓷外，亦烧造黑胎青瓷。白胎青瓷包括精粗两路，精者与大窑近似，厚釉，一匣一器烧造；粗者则外底不施釉，陶质垫饼垫烧，亦一匣一器烧造。黑胎青瓷釉变化较大，有薄胎薄釉的，也有薄胎厚釉的，部分器物釉色近米黄色、开片，与传世哥窑胎釉接近。

（二）厘清明代龙泉窑烧造宫廷用瓷的基本问题

枫洞岩窑址烧成年代主要为明代，出土物中包括大量与故宫旧藏造型和纹饰相同或相似的具有"官器"特征的器物，从而确认了龙泉窑在明代早期向宫廷贡瓷的历史事实。此外因为出土了丰富的明代早期遗物和有明确纪年的堆积层，对龙泉窑明代早、中期的分期有了崭新的认识，纠正了明代龙泉窑衰落的错误观点，并基本解决了元、明龙泉窑青瓷的分期和技术发展等问题，比较完美地达到了发掘的学术目标。枫洞岩的发掘，对于进一步探索龙泉窑与宫廷用瓷的关系、厘清晚期龙泉窑的面貌具有重要意义。

（三）推动了龙泉黑胎青瓷的研究

龙泉黑胎青瓷发现于民国时期，陈万里先生先后在溪口与大窑地区确认了黑胎青瓷的存在，尤其是对溪口瓦窑垟窑址进行了较多的介绍。1959年末至1960年初，朱伯谦等先生对龙泉窑的核心地区大窑、溪口、金村等进行了调查及小规模的试掘。其中在大窑、溪口两地确认了5处烧造黑胎青瓷的窑址。后又在溪口骷髅湾和李家山两处窑址也发现了黑胎青瓷产品。[8]这样，龙泉烧造黑胎青瓷的窑址增加到了7处。由于陈万里先生的巨大影响力，以及因大规模盗掘而使大量标本流散在市场上，溪口瓦窑垟窑址几乎成了龙泉黑胎青瓷的代名词。而近十年的考古资料表明，龙泉黑胎青瓷窑址的分布远远不止这区区几处。

我们在大窑、溪口、石隆、小梅镇、龙泉东区均发现了烧造黑胎青瓷产品的窑址，几乎遍布整个龙泉地区，其中小梅瓦窑路窑址是目前已知唯一一处纯

⑧ 朱伯谦：《龙泉青瓷简史》，《龙泉青瓷研究》，文物出版社，1989年。

烧黑胎青瓷的窑址。南宋龙泉窑黑胎青瓷按胎釉特征及烧造工艺等可以分成小梅、大窑、石隆与溪口四个类型，其中大窑地区是黑胎青瓷的烧造主体，从南宋早期一直延续至南宋晚期，小梅类型是大窑类型的早期阶段，石隆与溪口两类型则是大窑类型向外辐射的地方类型。由此可以建立起南宋龙泉窑黑胎青瓷的基本时空框架，并为探索黑胎青瓷的起源提供全新的视角。

大窑地区生产黑胎青瓷的窑址瓷目前共发现了20多处，产品面貌极其复杂多样。与白胎青瓷一样，黑胎青瓷的烧造中心也应该是在大窑地区，而不是溪口地区。黑胎青瓷很可能是在龙泉地区产生、发展与兴盛的。

龙泉的黑胎青瓷与明清文献记载的哥窑有密切的关系。

综合明清两代的主要文献来看，"哥窑"一词实由明代人提出，基本概念在嘉靖年间后期形成并被清代所沿用，其所指的对象为宋代龙泉所生产的黑胎产品，并与龙泉章氏兄弟中的章生一紧密联系。其基本特征为黑胎，紫口铁足，胎骨厚薄不一；青色釉，深浅不一，以粉青为上，开片纹，片纹亦大小不一，即所谓的冰裂纹、梅花片、鳝血、蟹爪纹等。明清两代能清晰地区分宋代哥窑、元末新烧哥窑器、乌泥窑等类哥窑器及当世所仿哥窑器。

进入清末民国时期，关于哥窑产地与时代的认识与前朝无异，并且部分文献仍全盘沿袭前朝人对哥窑的描述，但也有部分文献发生较大变化，出现了胎骨"红如凤唇"、釉色"以米黄、豆绿二色居多"的记载，并认为哥窑"以釉水纯粹无纹者为最贵"，"章氏兄弟窑，近世皆谓哥窑"。表明这一时期对哥窑的认识已相当模糊，可能将原来能清晰区别的宋代哥窑器、元末新烧哥窑器、乌泥窑等类哥窑器及当世所仿哥窑器等各个时期器物均混为哥窑。后来哥窑种种问题的产生均由此而始。

第
二
章

丽水地区窑业概况

　　龙泉窑以主要分布于龙泉而得名，但龙泉所在的整个丽水地区均是龙泉窑
的重要分布区，包括云和、缙云、丽水莲都区、遂昌和青田等均有不少窑址。
从目前的考古材料来看，龙泉窑于北宋早中期前后开始形成，北宋晚期开始壮
大，宋元鼎盛，明代以后衰落。而丽水地区的窑业于隋唐五代时期即已开始出
现，规模小、数量少，分布零星，质量较差，虽尚不能归入龙泉窑，但已开始
了窑业生产。

一　丽水地区北宋之前的窑业

　　北宋早中期在龙泉金村一带形成了规模化的窑业生产，自此窑火一直延续
至明代。而之前的窑业，仅有一些零星的发现，并且多数分布于龙泉窑核心分
布区龙泉南区之外，重要的有丽水吕步坑窑址、庆元黄坛窑址、松阳水井岭头
窑址、龙泉安福窑址等。

（一）丽水吕步坑窑址[①]

　　吕步坑窑址位于丽水市城关镇上吕步坑村西侧社山，东北距丽水市区 3 千
米左右。2000 年进行了正式发掘。

....

① 浙江省文物考古研究所、丽水市文化局：《浙江省丽水县吕步坑窑址发掘简报》，《浙江省文物考古研究所
　 学刊（第七辑）》，杭州出版社，2005 年。

清理窑炉两条，均为斜坡式龙窑。Y2时代较早，窑底铺沙，残长不明，宽1.85米，方向90°，坡度10°。Y1窑床前段以及窑尾均已破坏，残长38米、宽2米，方向100°，坡度10°。

图2-1　丽水吕步坑窑址出土青瓷碗

出土产品有碗（图2-1）、盏、盆、罐、盘口壶、执壶、灯盏、缸、碾轮、碾槽、砚等，以碗为主。多数为灰胎瓷器，少数为陶质器皿。瓷器主要为青釉，也有酱釉。发掘者将其划分成三期。第一期产品以折腹碗为主，且以平底居多，多为紫胎，胎厚釉薄。兼有各式瓷盅、敞口罐、多足瓷砚、盘口壶、灯盏等。明火叠烧，以垫饼间隔，碗底一般有3~4个支烧痕。与江山唐高宗上元三年（676）墓[2]中的碗、砚、盘口壶有相似之处，时代当为隋至初唐。第二期折腹碗继续装烧，出现撇口折腹碗，折腹部位也有所下移。出现敞口斜腹碗、撇口弧腹碗，瓷盅、罐、瓷砚、盘口壶仍继续烧造，兼生产灯盏、钵、盘、罐、执壶等，器形多样。釉色有青釉和酱釉两种。仍采用明火叠烧技术，碗底支痕4~6个不等。罐与江山唐天宝八年（749）墓[3]中的相似，整体上时代当为唐代中期。第三期不见折腹碗，平底碗也消失，仅见撇口或敞口斜腹假圈足碗，碗内外底有5~8个椭圆形泥点垫烧痕。以生产大型产品如缸、盆等为主，胎质粗糙。装烧方式除明火叠烧外，大小件器物亦对口套烧。时代约为中晚唐。

（二）松阳水井岭头窑址[4]

水井岭头窑址位于松阳县赤寿乡界首村东头（图2-2），这里北通遂昌、衢州，南连温州，处于重要的商道上。窑址坐落在界首村大岗山山脚水井岭头山坡上，前临松阴溪，水源、燃料、瓷土资源都很充足。

---

② 江山文物管理委员会：《浙江江山隋唐墓清理简报》，《考古学集刊（第3集）》，中国社会科学出版社，1983年。
③ 江山文物管理委员会：《浙江江山隋唐墓清理简报》，《考古学集刊（第3集）》，中国社会科学出版社，1983年。
④ 宋子军、刘鼎：《松阳县的三处窑址》，《东方博物（第五十四辑）》，中国书店，2015年。

图2-2　松阳界首水井岭头窑址地层堆积

图2-3　松阳界首水井岭头窑址产品标本

采集的标本至少可分成两个时期（图2-3），第一个时期主要是直腹、平底，内外施半釉的碗类器物；第二个时期则以饼形底的碗为主要特征，内外满釉，外腹施釉不及底。前者时代当在隋至唐代早期，后者则晚至唐代中晚期左右，与吕步坑较为接近。

产品的胎色普遍较深，呈灰或深灰色，胎质较粗，釉为土黄、青灰色，玻璃质感不强，釉面干枯而不够莹润。基本为素面，第二期出现褐斑装饰，见于碗的口沿上，以大块斑对称设置。明火直接叠烧，不见有匣钵，器物之间以泥点间隔，间隔的泥点痕较为细小密集。支烧具为粗矮的喇叭形。常见有因窑变而局部呈乳浊化的现象。

该区域在地理环境上接近于婺州窑分布区，是进出金华与衢州地区的重要通道，窑址产品的面貌亦与婺州窑相当接近，可以说是婺州窑向外辐射的一个地方类型。

（三）庆元黄坛窑址⑤

黄坛窑址位于庆元县竹口镇黄坛村（图2-4），2014年经过正式发掘，产品以碗为主，生产多角罐、盘口壶、盆等（图2-5）。碗类器物基本为饼形底，盘口壶则盘口较大，时代当在唐代中晚期。胎有浅灰、灰白、灰黑、灰褐等色，青黄色釉泛灰或泛浅青，因胎色不同而有所差异。其中浅颜色的胎呈现的釉颜色亦浅，隐约已具有北宋淡青釉的影子，可能与龙泉窑有渊源关系，其产品对

⑤　浙江省文物考古研究所、庆元县文物管理委员会办公室：《浙江省庆元县唐代黄坛窑址发掘简报》，《东方博物（第六十辑）》，中国书店，2016年。

于研究龙泉窑瓷器的演变与发展具有重要意义。

（四）龙泉安福大栗山窑址

窑址位于龙泉东区的安福大栗山一带，在修建丽水至龙泉的高速公路时由地方文物部门经过简单的清理而取回部分标本，我们所见到的主要是四系罐、执壶等（图2-6）。四系罐尖唇外凸形成窄平沿，直口，短直颈，圆肩，深弧腹斜收，平底，肩部带有四个小泥条形的系。执壶造型与四系罐接近，亦为尖唇外凸形成窄平沿，直口，短直颈，圆肩，深弧腹斜收，平底，肩部有较长的弧形流，与流对称的另外一侧有较宽的弧形把手。均为素面。胎色灰白，胎质较为细腻。釉色亦呈灰白色，较北宋时期金村淡青釉瓷器更白，且质感不如淡青釉，比较干涩。这类罐与执壶同五代时期的越窑产品极为接近，因此时代当在五代前后。

图 2-4　庆元黄坛窑址远景

图 2-5　庆元黄坛窑址青瓷标本

图 2-6　龙泉安福大栗山窑址青瓷标本

（五）小结

丽水的吕步坑、松阳的水井岭头两窑址的时代可以早至隋至初唐时期，延续至中晚唐，而庆元黄坛窑址的时代则为唐代中晚期。从地理位置上看，前两处窑址更加接近金衢所在的婺州窑地区，且均位于与金衢盆地沟通的重要通道上。产品面貌亦与同一时期的婺州窑接近：胎色深，胎质较粗；釉色较深而呈青灰色，釉面较为干涩；装饰以素面为主，有少量的窑变而呈乳浊状，并且见有褐彩；明火裸烧，器物之间使用泥点间隔，窑具见有高大的支烧具；使用斜坡状龙窑烧造。因此可以看成婺州窑技术向瓯江地区的辐射与扩散。

图 2-7　建阳将口唐代窑址青瓷标本　　　　图 2-8　瓯窑五代前后青瓷产品

　　黄坛窑址在地理位置上进一步远离婺州窑而更趋向瓯江上游，即更邻近福建地区，因此时代上亦更晚，这也符合窑业扩张的时空变化。同时，这一类型的窑业在福建北部亦有少量分布，如建阳的将口窑址[⑥]，窑炉为长52米的斜坡状龙窑，明火裸烧，器物之间使用泥点间隔，有大型的筒形支烧具。产品主要是青瓷碗类器物，亦有执壶、盘、罐、盘口壶、灯盏、碟、钵等器形（图2-7）。碗常见有饼形底。装饰以素面为主，见有少量的褐彩。因此庆元黄坛窑址是婺州窑业技术进一步向南沿着瓯江、闽江传播的重要中介点。当然，这一时期的婺州窑从大的窑业格局上看，仍旧与越窑十分接近而仅有一些地方特色。

　　安福大栗山窑址在窑业面貌上发生较大的变化，尤其是釉色上，从青绿色向浅灰白色转变，胎釉质量亦有明显的提升。从胎釉的表现特征来看，已初具北宋龙泉窑淡青釉瓷器的雏形。这一窑业特征与婺州窑相差较大，而更接近于瓯窑。瓯窑始于东汉，历六朝而盛于唐至北宋早中期，止于北宋晚期，主要分布于温州地区的瓯江下游、楠溪江下游、飞云江下游。产品胎色灰白，釉色淡青，器物种类丰富，制作精良，装饰上六朝后以褐彩最具特征。五代前后的产品釉色即呈极浅的淡青色（图2-8），胎釉质量较大栗山窑址产品更胜一筹。因此，我们认为这一时期的窑业技术可能更多来自瓯江下游的温州地区，为北宋时期龙泉窑淡青釉瓷器的出现及窑业的大规模发展奠定了坚实基础。这一时期北方白瓷技术南下影响到长江流域，景德镇等地区开始烧造白瓷，因此也不排除受这一技术影响的可能。

⑥　福建省博物馆：《建阳将口唐窑发掘简报》，《东南文化》1990年第3期。

二 丽水地区龙泉窑址

　　龙泉窑窑址分布广泛，以浙江省龙泉市分布最为密集。龙泉市的窑址可分成龙泉东区与龙泉南区两大部分，以龙泉南区为核心（图2-9）。龙泉东区主要位于龙泉东部紧水滩水库周边，窑址数量庞大，约有200多处，20世纪70年代至80年代因配合紧水滩水库建设而做过大规模的发掘，面貌相对比较清晰，但这一窑址群时代相对较晚，以元代晚期与明代为主，产品质量较差，基本为外销瓷器，不能代表龙泉窑的技术水平与基本面貌。

　　龙泉南区以大窑为核心。大窑龙泉窑遗址位于龙泉市南40千米处的琉华山下大窑村一带，明代以前称"琉田"，是龙泉窑的起源地和中心产区，"龙泉窑"亦因此得名。大窑龙泉窑遗址跨龙泉、庆元两县，包括今龙泉市小梅镇、

图 2-9　龙泉市内龙泉窑址分布图

查田镇和庆元县竹口镇，有大窑、金村、石隆、溪口四大片区，窑址约160处。金村窑址群位于龙泉南区的最南端。[7]

（一）龙泉南区核心窑址群

龙泉窑的核心生产区域以龙泉为中心，东边包括云和西部的部分地区，西边包括庆元西北部的部分区域。以龙泉市区为界，这一分布区大致可以划分成龙泉南区与龙泉东区两大片。龙泉南区是生产的最核心区域，代表龙泉窑的最高制作水平；而龙泉东区规模庞大，时代相对比较晚，生产质量一般，可能与外销有关。

龙泉南区主要包括龙泉的小梅与查田两镇，在庆元的竹口镇亦有少量的分布。从分布的区域上大致可以划分成四个片区，即龙泉金村与庆元上垟所在的金村地区、大窑地区、石隆地区与溪口地区。

1.金村窑址群

龙泉窑在北宋早中期前后开始成系列、成规模地生产，地域上主要包括庆元上垟地区在内的龙泉金村地区可以看成龙泉窑的真正开端。

金村属于龙泉市小梅镇，位于龙泉市以南约50千米处，西北距小梅约9千米（指的是绕行的山路，直线距离仅3千米左右）。北边山岙中有古道与大窑相连，距离约3千米。东边为屏南镇，南边与庆元的竹口镇上垟接壤。其地形为山间河谷。小梅溪呈"几"字形穿村而过，两边的山峰较为高峻、陡峭，河谷并不宽，但与大窑逼仄的地形相比较为开阔，山前河岸较为平缓，尤其是河的北岸与西岸。因此金村的各聚落基本沿河的北岸与西岸多块狭长布局，而窑址基本位于各聚落的屋后山坡上（图2-10）。溪东的数处

图 2-10　龙泉金村

⑦　浙江省文物考古研究所、龙泉青瓷博物馆：《龙泉金村窑址群——2013~2014年调查试掘报告》，文物出版社，2019年。

窑址是金村地区仅有的分布于小梅溪东岸的窑址，窑址前的开阔地带有残垣断壁，原先也应该有聚落。

金村窑址群以大窑犇南端为界，再往南约10处窑址已进入庆元县界（图2-11）。"几"字形的小梅溪从东北而来，在竹口镇上垟村急折向西北，呈大"V"形奔小梅而去。上垟村基本分布于此"V"形河谷内，地势虽然更为开阔，但聚落分布比金村更为分散。上游窑址主要分布于河的西岸，下游窑址均分布于河的东岸与南岸。

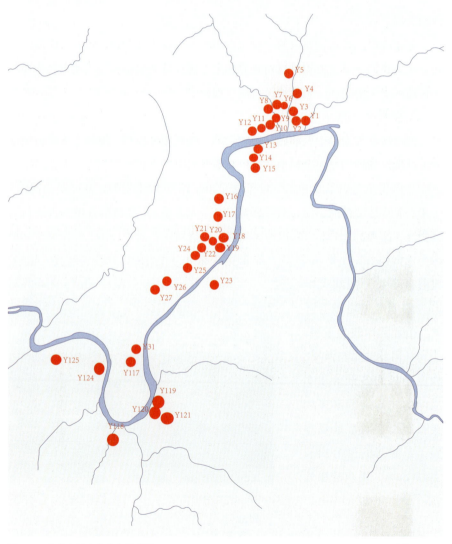

图 2-11　龙泉金村窑址分布示意图

窑址从北边的金村下坑屋后开始，河北岸往西有谷沿岗、金村屋后山，东南岸有溪东，往南河的西岸有下会、后岙、大窑犇等窑址，过大窑犇进入庆元上垟，共有30多处窑址。

金村地区的窑业，大致可以划分成淡青釉时期、翠青釉时期与乳浊釉时期三大阶段。

（1）淡青釉时期

北宋时期最早的龙泉窑产品一般称为淡青釉瓷器，是龙泉窑早期产品的特定称谓（图2-12）。其基本特征为：器形极为丰富，有碗、盘、盒、盂、执壶、罐、盏、盏托、钵、五管灯、斗笠碗、熏、盘口壶、五管瓶等；整体造型上胎体较厚重，尤其是底部与圈足，圈足多较粗矮，足壁较直，足端较为方平，而缺少越窑常见的足端较圆而外撇的纤细圈足；装饰较为复杂，有细划花、粗刻花、堆塑、镂孔等技法，以刻花技法最为流行，题材主要是牡丹、莲瓣、蕉叶等花卉与云气等，海涛纹亦有一定的数量，线条流畅、结构严谨；胎质细腻，胎色较浅而几近白色；釉呈淡青色，积釉厚处则泛湖绿色，釉面光洁莹润，部分略泛黄的器物有象牙的质感。装烧上包括满釉垫圈单件匣钵

图 2-12　金村淡青釉瓷器

垫烧、满釉多件直接叠烧、半釉多件直接叠烧（此处半釉为外腹施釉不及底）、满釉与半釉多件混合直接叠烧、半釉直接叠烧与满釉垫圈直接叠烧的混合叠烧等多种形式。窑具包括匣钵、垫圈与支烧具，匣钵以M形为主。

这一时期的生产规模极小，仅限于金村地区的数处窑址。时代约为北宋早中期前后。

（2）翠青釉时期

淡青釉瓷器在北宋中期偏晚阶段有一个逐渐衰落的过程，北宋晚期代之以一批釉色青绿的翠青釉瓷器（图2-13）。其面貌与北宋中期的淡青釉瓷器相较发生了极大的变化：器物种类更加丰富，器形大型化而更加厚重，尤其是器物的底部明显加厚；装饰极为发达，碗、盘类器物常见内腹刻划花卉等纹饰，外腹为直条纹，习称双面工，此外在瓶、罐类小口器物外腹常见刻划花类装饰，题材有缠枝菊花等，常见以篦划纹、篦点纹等为地纹；胎釉亦发生了极大的变化，灰白色胎质细腻坚致，气孔较少；釉色以较深的青中泛翠的青绿色为主，施釉均匀，釉层较厚，釉面匀净莹润而饱满，胎釉结合好。装烧工艺亦由北宋中期后段的叠置明火裸烧为主变成以一匣一器的匣钵单件装烧为主，几乎所有的器物外底均不施釉，以泥质小圆饼垫烧，匣钵以M形占绝大多数。

图2-13　金村翠青釉瓷器

图 2-14　龙泉金村粗放类乳浊釉青瓷　　　　图 2-15　龙泉金村精细类乳浊釉青瓷

翠青釉瓷器的流行时期当在北宋晚期至南宋早期前后，下限可延续到南宋中期。同时规模迅速扩大，并传播到金村以外的大窑以及石隆、溪口与龙泉东区，从而开始迎来龙泉窑的大发展时期。

（3）乳浊釉时期

南宋晚期以生产乳浊釉类器物为主，产品风格可分成粗放与精细两类。

粗放类产品从南宋中期延续下来，胎体厚重，底厚而足宽，外底不施釉而以泥饼垫烧，但内腹刻划花装饰基本消失，代之以外腹的粗凸莲瓣纹（图2-14）。釉色粉青或青黄色，粉青色釉一般釉层较厚，呈失透的乳浊状，而青黄色釉则多为早期常见的透明状玻璃釉。较粗的器物施釉不及底，仍以泥质小圆饼垫烧，M形匣钵一匣一器。

精细类产品主要有宽沿小盘、折腹小洗、莲瓣纹碗、莲瓣纹盘等，胎质更细，胎体薄，器形多较小而精巧，圈足细薄（图2-15）。素面为主，少量器物外腹有凸莲瓣纹。釉多呈粉青色，釉层厚，乳浊感强，质量极高，是龙泉窑的精品，但其精致程度仍不及同时期大窑的产品。施满釉，足端刮釉，使用较大的瓷质垫饼垫烧。

金村地区的窑业一直延续到元明时期，元明时期的乳浊釉总体面貌与大窑产品相似，但质量略差，没有大窑地区习见的最高等级产品。同时刻划花装饰技法似乎一直较为盛行。

金村地区的乳浊釉产品当是受大窑地区的影响而出现，不仅时代上滞后于大窑，且质量亦较为逊色。

2. 大窑窑址群

大窑地区在北宋晚期接受金村地区窑业的影响开始烧造瓷器，南宋早期因乳浊釉产品的创烧而取代金村成为龙泉窑新的窑业中心，并且这一核心地位一直延续至明代。窑址西起高际头村的Y88，近"V"形沿大窑溪北岸过叶坞底、新亭进入大窑村的犴弄，然后在碗厂附近扩散至大窑溪两岸，过上村、下村、杉树连山进入岙底。岙底是大窑村最开阔的区域，也是龙泉窑最核心的分布区，是龙泉窑核心中的核心。由此往北过枫洞岩、垟岙头到达三里，止于Y105。再往北不远可以与石隆窑址群相连。大窑地区目前确定并登记的窑址有88处，其中生产黑胎青瓷的窑址共25处（图2-16、图2-17）。

北宋晚期大窑与金村地区的产品面貌非常接近，但最高质量的产品似乎仍主要在金村地区。主要的产品有碗、盘、罐、执壶、五管灯等，以碗、盘类器物为主。总体上青釉色偏深，除翠青釉外，许多产品的釉色呈深青色（图2-18）。透明薄釉，流行刻划花装饰，题材主要是各种团菊、简化花卉、篦划纹等，外腹常见密集直条纹。

图 2-16　龙泉大窑村

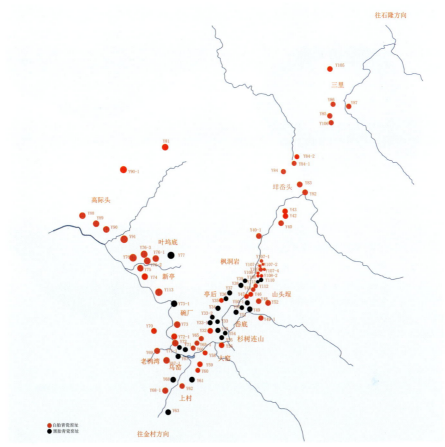

图2-17　龙泉大窑窑址分布示意图

　　南宋早期出现乳浊釉瓷器，釉层较薄，釉的颗粒较粗，但较透明釉的玉质感强，装饰极少，以造型与釉色取胜，这一审美取向基本奠定了大窑类型即典型龙泉窑青瓷的核心艺术特征（图2-19）。南宋中期，乳浊釉完全取代透明釉，且精细类乳浊釉青瓷成为主流，多次施釉技法成熟，釉层厚，釉的颗粒细，釉面莹润，装饰极少见（图2-20）。龙泉窑由此开创了一个全新的局面，进入了乳浊釉的时代。南宋晚期，大窑类型发展至鼎盛，大窑地区几乎所有的窑址均有烧造，窑业规模庞大，产品类型丰富，同一器物类型通常有多种不同的造型。整体上造型端庄，胎体轻薄秀丽，底修坯极薄而较下腹为薄，圈足细薄修长，足端方平，刮釉整齐，几乎不见刻划工艺，仅有少量的凸弦纹、凤耳、鱼耳、凸莲瓣纹等简单装饰（图2-21）。将造型与釉色之美的艺术取向推向了最高峰。

2-18

2-19

图 2-18　龙泉大窑北宋晚期青瓷盘
图 2-19　龙泉大窑南宋早期乳浊釉青瓷盘
图 2-20　龙泉大窑南宋中期厚釉青瓷瓶
图 2-21　龙泉大窑南宋晚期厚釉青瓷碗

2-21

2-20

　北宋龙泉窑略论稿

图 2-22 　龙泉大窑明代早期青瓷大墩碗　　　　图 2-23 　龙泉大窑明代早中期青瓷三足炉

大窑南宋厚釉青瓷釉色一般较浅，整体烧造温度较低，多呈粉青失透状，玉质感强，圈足端常呈火烧红色或因生烧而呈土黄色，足端生烧器物常见开冰裂纹。整体造型较为轻巧秀气，胎体轻薄，素面无纹，以造型与如玉釉色取胜。进入元代晚期至明代早期，不仅器形较大，胎体变厚重，且烧造温度明显提高，釉色从以粉青为主变成以梅子青为主，玻璃质感更强而玉质感减弱（图 2-22）。此外开始流行纹饰装饰，技法上普遍使用刻划花、印花、镂孔、开光、露胎、堆贴、点彩等，从原来的简洁如玉转向华丽繁琐（图 2-23）。

南宋时期，大窑在烧造白胎青瓷的同时还烧造一定数量的黑胎青瓷。虽然在溪口、小梅、大梅口、石隆、东区等地也有黑胎青瓷窑址发现，但数量少、窑址分散，而大窑地区不仅是龙泉窑最高质量白胎青瓷的烧造中心，同时也是黑胎青瓷的烧造中心，窑址数量多，达到 25 处，产品质量佳、档次高，除碗、盘类器物外，还普遍见有觚、炉、瓶、簋、尊、鼎等陈设与礼仪用瓷。胎体轻薄，多次施以厚釉，许多器物釉层厚度超过胎体，玉质感强，造型端庄，极具皇家风范（图 2-24）。时代上以南宋为主体，在少量的元代地层中亦发现了黑胎青瓷，说明其下限为元代。

南宋至元代早期是龙泉窑的鼎盛时期，大窑地区几乎所有的窑址产品质量都极高，通体施釉，几乎不见金村地区外底不施釉的粗厚类青瓷。进入元代晚期至明代早期，虽然以枫洞岩为代表的窑址产品质量仍旧极高，但多数窑址已经处于衰落状态，产品胎质粗、釉层薄而干涩、玉质感下降、装饰粗率（图 2-25）。

图 2-24　龙泉大窑黑胎青瓷

图 2-25　龙泉大窑元代晚期至明代青瓷

　　北宋龙泉窑略论稿

图 2-26　龙泉石隆溪（西南—东北）

3. 石隆窑址群

石隆窑址群与大窑、金村窑址群同处一山岙中，大窑为中心，石隆与金村为一北一南两翼。南边是金村窑址群，北边是石隆窑址群，南北两头分别与瓯江相连。2014年我们首次对石隆窑址群进行了全面系统的调查与记录。其中原调查记录有9处窑址，为A6-1至A6-8、A6-10，此次在隆丰村的西边新发现一处窑址，暂时补齐编号为A6-9。在石隆水库西北的石门岗发现一处窑址，编号为A6-11。另外A6-4、A6-5、A6-10附近有完整的窑址堆积，明显不属于该三处窑址而为独立的窑场，为了不打破原来的编号，分别编为A6-4-1、A6-5-1、A6-10-1。这样，石隆窑址群的核心区共确定窑址14处（图2-26、图2-27）。

此外，在石隆溪入瓯江的口子上有3处窑址，其中赵麻於2处、住田1处，亦可纳入石隆窑址群中。因此，整个石隆窑址群至少有窑址17处。

石隆地区的青瓷器按质地与装烧方式可分成粗精两路。粗放类胎体厚重，施以薄的透明釉，外底不施釉，以泥质垫饼垫烧。精细类通体施釉，

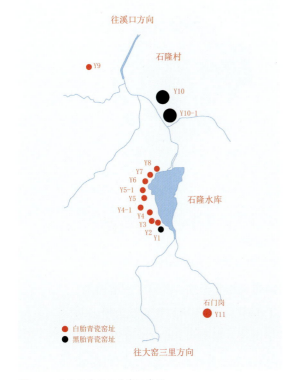
图 2-27　龙泉石隆窑址分布示意图

乳浊釉，釉层厚，玉质感强，足端刮釉以垫烧。精细类青瓷按胎色与质量又可分成白胎青瓷与黑胎青瓷两类。黑胎青瓷仅见于精细类，不见于粗放类。

虽缺乏地层学上的依据，但根据类型学，结合金村等地层的考古资料，石隆地区的窑业大致可以划分成四个期别。

（1）北宋晚期至南宋早期

产品均为外底不施釉、以陶质垫饼垫烧的粗放类青瓷（图2-28）。

主要产品包括碗、盘、碟、执壶、五管灯、盒等，以碗、盘、碟类为主。器形较大、厚重，尤其是器物的底部比较厚。部分碗类器物的圈足较高，但足壁较直；无论是碗还是盘，有相当部分呈侈口形；碗、盘类的花口造型较为少见；执壶较为矮胖。

装饰、胎釉特征、装烧工艺与金村、大窑的翠青釉瓷器相似，但由于本窑址群应该是自金村—大窑—石隆一路过来，处于前两窑址群扩张的末端，时代上会略晚，因此器物纹饰更为简单，质量上也略逊一筹。

（2）南宋中期

图 2-28　龙泉石隆北宋晚期至南宋早期青瓷

图 2-29　龙泉石隆南宋中期青瓷

由于缺乏未被扰动的地层依据，根据金村的编年序列。这一时期石隆地区青瓷仍旧以粗放类为主，不能确定是否有精细类的。

器形以碗、盘类占绝大多数。胎体厚重，底极厚，圈足矮宽。

装饰上双面工技法基本不见，主要是内腹刻划莲荷纹。莲荷纹图案简洁，技法流畅，仅刻划轮廓线，图案内不再填以篦划纹，也不再以篦划纹为地。一般荷花与荷叶共同构成主题纹饰，有人甚至将这一期称为"莲荷的世界"。简单的云气纹、花口出筋及"河滨遗范"等印章铭文也有较多出现。云气纹是以"S"形线条将碗内腹分成几等份，每格内填以简单的云气。花口出筋即器物作花口形，花口所对的内腹部以白色的泥浆画直线一条，施釉后有一种凸起的所谓出筋感。

釉色以青黄或青灰色为主，釉层较薄而玻璃质感强，外底不施釉。有极少量的近粉青色乳浊釉，器形主要是碗、盘类，釉层较薄，但外底仍旧不施釉，整体仍旧较为粗厚（图2-29）。

以泥质垫饼一匣一器垫烧。

（3）南宋晚期至元代早期

这一时期仍旧有精粗两类，以精细类青瓷占绝大多数，少量为粗放类青瓷器。精细类青瓷按胎色与质量又可分成白胎青瓷与黑胎青瓷两类。黑胎青瓷仅见于精细类，不见于粗放类。

粗放类青瓷器形主要为碗、盘等，从南宋中期延续下来，胎体厚重，底厚而足宽，外底不施釉而以泥饼垫烧。内腹刻划花装饰基本消失，代之以外腹饰粗凸莲瓣纹。釉色粉青或青黄色，粉青色釉一般釉层较厚，呈失透的乳浊状，而青黄色釉则多为早期常见的透明状玻璃釉。

精细类产品主要有宽沿洗、宽沿盘、敞口盘、折腹小洗、莲瓣纹碗、莲瓣纹盘、瓶、炉等（图2-30）。宽沿小洗宽沿面内弧，浅弧腹，平底，矮圈足；折腹小洗为凸唇，斜直腹近底处折成平底状，矮圈足；莲瓣纹碗敞口，近圜底，矮圈足，外腹为凸莲瓣纹；莲瓣纹盘敞口，浅弧腹，矮圈足，外腹为凸莲瓣纹。此类器物整体上看胎质更细，胎体薄，器形多较小而精巧，圈足细薄。素面为主，少量器物外腹有凸莲瓣纹，莲瓣比前一类器物修长。满釉，仅圈足的足端刮釉以垫烧。釉多呈粉青色，釉层厚，乳浊感强，质量极高，是龙泉窑的精品，但其精致程度仍不及同时期大窑的产品。

图2-30　龙泉石隆南宋晚期精细类青瓷

装烧方式上，较粗的器物施釉不及底，因此仍以泥质小圆饼垫烧，M形匣钵一匣一器；精细类产品则施满釉，足端刮釉，使用较大的瓷质垫饼垫烧。垫饼可分成两种类型，一种呈圆饼形，中心略内凹；另外一种是中心内凹，底部呈短圆柱状外凸。

图2-31　龙泉石隆黑胎青瓷

南宋晚期精细类青瓷除白胎以外，在Y10还发现有相当数量的黑胎青瓷（图2-31）。器形除碗、盘类以外，还有炉、觚、簋等礼制用瓷，胎釉质量极高。从釉色上看，既有类大窑的粉青厚釉青瓷，也有类溪口的近灰青厚釉青瓷，还有类小梅的薄釉青瓷。

此外，还有一类米黄色釉青瓷，为其他地区所不见（图2-32）。胎近似于橘黄色，釉色青黄，普遍开大片或冰裂纹。其特征与传世哥窑极为接近，器形包括瓶、炉、碗等。

图2-32　龙泉石隆黄釉瓷器

（4）元代晚期至明代

这一时期的窑址数量不多，产品仍旧分为精粗两路。粗的外底不施釉，以陶质垫饼垫烧或叠烧。精的满釉、足端刮釉以垫烧，或满釉、外底刮釉一圈以垫烧。器形主要有碗、盘、钵、双鱼洗等。总体上看，这一时期的器物质量明显下降，尤其是明代的器物。器形较为单一，装饰较少而简单粗率，其中双鱼洗的堆贴较薄，亦有戳印阴线纹。胎釉色普遍较深，胎多呈深灰与灰黑色，胎质较粗而疏松；釉色则多呈青灰色或豆青色，釉层较薄，质感较差。以外底不施釉的泥饼垫烧为主。从器物的内外底特征来看，仍旧以一匣一器的单件装烧为主。匣钵基本为M形。

4. 溪口窑址群

溪口窑址群位于瓯江的北岸，分布于墩头溪"Y"形的两个分支畔，以桥头垱窑址为东南端点，往西北方向是谷下坑等窑址，往北是夫人殿垱、瓦窑

图 2-33　龙泉溪口窑址群

图 2-34　龙泉溪口窑址分布示意图

埠、棉田等窑址，总计20余处窑址（图2-33、图2-34）。时代上主要集中在南宋至元明时期，其中元代的窑址数量多、规模大，质量较佳。

南宋时期的窑址以瓦窑垟窑址为代表。

以斜坡状龙窑使用M形匣钵一匣一器烧造碗、盘类圆器为主，亦有筒形匣钵装烧瓶、炉类琢器。

产品分成白胎青瓷与黑胎青瓷两类，以白胎青瓷为主，黑胎青瓷从考古调查资料来看仅限于瓦窑垟Y99、瓦窑洞以及大磨涧边三处窑址。

白胎青瓷主要器形有碗、盘、罐、执壶、觚、凤耳瓶、折沿洗、鬲式炉、奁式炉、鼎式炉、樽式炉、簋式炉、弦纹瓶、胆式瓶、白菜瓶、琮式瓶、盒、盏、把杯等，器形丰富，质量颇高。器物满釉为主，足端刮釉使用瓷质垫饼垫烧。很少有纹饰，少量装饰为凸起的莲瓣纹、扉棱、出筋等。少量器物外底不施釉，胎体较厚。

黑胎青瓷主要有盏、把杯、觚、琮式瓶、白菜瓶、鬲式炉、簋式炉、折沿洗、胆式炉等，胎色从乌黑到深灰不等，均为厚釉，玉质感强（图2-35）。器形总体上端庄大方，胎体轻薄，部分器物釉的厚度甚至超过胎体。均满釉，足端刮釉使用瓷质垫饼垫烧。

进入元明时期，产品均为白胎青瓷，总体上胎釉质量仍旧较高。器形以碗、盘、盆、洗、高柄杯等为主，亦有炉、瓶、罐等琢器。釉层变薄而略透

图 2-35　龙泉溪口瓦窑垟窑址出土黑胎青瓷

图 2-36　龙泉溪口棉田窑址出土小罐　　图 2-37　龙泉溪口棉田窑址出土小罐

明，流行纹样装饰。

　　溪口窑址群产品除龙泉窑元明时期常见传统器形外，部分器物尤其显得突出，从而形成溪口特色产品。如小罐，在瓦窑垟、棉田、金罐等窑址均有大量烧造，器形小，造型并不复杂，小直口、短颈、圆鼓腹，小平底（图2-36、图2-37）。但此类物与传统龙泉窑青瓷拉坯成型不同，是使用模制上下两段拼接而成，器腹常见有各种模印纹样，包括龙纹、花卉等。此类器物在国内的遗址、窖藏以及墓葬中发现极少，而在海外的沉船中有大量的发现，结合小口鼓腹的造型，推测主要是输出海外、用于装香料的容器。

　　如此，则溪口窑址群在元明时期可能主要是烧造外销瓷器的窑场，与东区不同的是，其质量更高，主要供应海外高端市场。

（二）龙泉南区核心窑址群外的零星窑址

　　龙泉南区除了构成主体的以上四大窑址群以外，周边还分布着一定数量的零星窑址，随着考古工作的深入，不排除有新发窑址群存在的可能性。

1. 小梅瓦窑路窑址

位于小梅镇上，2011年经过正式发掘，是目前唯一一处纯烧黑胎青瓷的窑址，且釉层较薄而透明，可以称为小梅类型黑胎青瓷（详见第一章概述部分）。

2. 大梅口窑址

由当地村民提供线索，现场调查发现少量的M形匣钵与青瓷标本，可以确定是一处南宋时期的窑址。采集到的少量标本均为白胎青瓷，胎釉质量均极高。提供线索的村民带来了部分黑胎青瓷标本，说是采自窑址，其特征与小梅瓦窑路窑址产品面貌接近。

更详细的信息需要进一步的考古工作加以确定。

3. 地畲窑址群

该窑址群的位置非常特殊，与大窑直线距离并不远，但中间隔了琉华山，位于最高山脉的另外一侧，属于屏南镇地畲村，山势非常高，大窑一带没有直接的道路相通，需要从县城东边绕盘山路而上。

从初步调查的结果来看，目前可以确定有两处窑址，但不排除周边存在着更多窑址的可能性。两处窑址的时代基本一致，从南宋延续到明代，以宋元时期为主（图2-38）。

南宋时期以施满釉的精细类青瓷为主，器形主要有碗、盘等，亦有少量的尊、瓶等器物，足端刮釉，瓷质垫饼垫烧。匣钵以M形为主，亦有筒形。亦有外底不施釉的粗厚胎器，主要是莲瓣纹碗。

元明时期质量有所下降，器形除碗、盘类器物外，亦有较多菊瓣纹盏、双鱼洗、盒子等。釉层变薄，纹饰增多。

4. 大樟窑址群

该窑址群位于溪口窑址群的西南边，茶田镇大樟村的北边山坡上。采集到的少量标本主要是南宋时期的莲瓣纹碗，外底不施釉，胎体厚重（图2-39）。窑具有M形匣钵、瓷质垫饼与陶质垫饼等。

图 2-38　龙泉地畲窑址采集标本

2-39

2-40

2-41

图 2-39　龙泉大樟窑址采集标本
图 2-40　龙泉住田窑址采集标本
图 2-41　龙泉住田窑址采集乳白釉瓷器

5. 住田窑址

住田是原茶丰乡的乡政府所在地，现已并入查田镇。窑址位于住田村的东北边，距离石隆与溪口窑址群基本相等，在瓯江的东岸边。确认窑址一处，在一个山岙里，位置比较高。时代为宋元时期，产品质量较佳，但并非顶级产品。基本为白胎，器形主要有碗、盘、罐、炉、瓶等，以通体施釉的精细类产品为主，亦有外底不施釉的粗厚类青瓷（图2-40）。使用匣钵装烧。窑具有M形匣钵、筒形匣钵、瓷质垫饼与陶质垫饼等。该窑址烧造一批近似于乳白釉的瓷器（图2-41），釉层厚，失透而玉质感极强，开大的片纹，从目前的考古材料来看不见于其他窑址，极为特殊。

（三）龙泉东区窑址群

龙泉东区的窑业主要位于龙泉市区的东部，在云和县的西部亦有少量的分布，基本沿瓯江两岸布局。在20世纪七八十年代紧水滩水库修建后，龙泉东区大部分窑址淹没入水库中。2013年至2014年，我们进行了水库蓄水后的首次全面系统调查，对保存在水面以上的窑址重新进行登记，并结合20世纪调查与发掘的资料进行了重新整理研究（图2-42~图2-44）。20世纪调查的东区窑址共有218处，而最近调查确认的窑址为150处，有60多处窑址已完全淹没入水库中。

图 2-42　龙泉东区窑址分布示意图

图 2-43　龙泉东区紧水滩水库

图 2-45　龙泉东区标本

图 2-44　龙泉东区紧水滩水库窑业堆积

图 2-46　龙泉东区采集黑胎青瓷标本

　　东区的窑业面貌非常复杂，从时代上看，大约在与石隆窑址群同时或略晚的北宋末期开始烧造，南宋时期得到进一步的发展，但整个窑址群的兴盛则是在元代晚期至明代早期，延续到明代中期前后。产品质量整体上均比较粗，以外底不施釉的粗放类器物为主（图2-45）。胎体厚重，胎质较粗，胎色较深。釉普遍较薄而透明，或玻璃质感强，或比较干涩，较少莹润的釉面。少量窑址如云和县的梓坊等，亦烧造足端刮釉的精细类乳浊厚釉产品。在梧桐口一带发现了烧造黑胎青瓷的窑址，薄胎薄釉，与小梅瓦窑路窑址出土的产品面貌接近。东区产品的整体风格是以装饰见长，流行各种刻划花、印花、贴花等，题材以各种花卉为主，亦有凤鸟、游鱼等。此类产品主要大量供应海外市场。

　　最近，我们在东区也发现了烧造黑胎青瓷的窑址（图2-46），面貌与小梅瓦窑路窑址接近。

（四）丽水地区龙泉窑其他主要窑址群

除了龙泉南区与东区核心区域外，整个丽水地区亦分布着不少的窑址，且多数窑址呈集群化分布，形成区域性的小型窑址群。主要有缙云的大溪滩、松阳的湖山与周村、庆元的竹口等，其中缙云大溪滩与庆元竹口规模较大。

1. 缙云大溪滩窑址群[⑧]

大溪滩窑址群位于缙云县的壶镇大溪滩村。这里是好溪的上游地区，同时也是进入金衢盆地的门户，溪两岸是地势相对平坦的低山丘陵，窑址即分布于溪畔的丘陵地带。据历年的调查统计，该窑址群有窑址20多处，时代基本为宋元时期。按产品质量大致可以划分成精粗两大类。

（1）精细类产品

精细类产品器形主要有碗、瓶、鬲式炉、奁式炉、盏、折沿小洗、蔗段小洗、高足杯等（图2-47）。制作规整，造型端庄大方。以素面为主而少见纹饰装饰，部分碗类器物的外腹部饰以粗凸的莲瓣纹，鬲式炉之类的器物则以出筋为饰。胎质细腻，胎色灰白。釉层厚而均匀，釉面肥厚而莹润，玉质感强，釉色多作青黄色与粉青略泛灰色。基本为满釉，足端刮釉垫烧，使用瓷质垫饼在匣钵装烧。多为单件装烧，使用M形匣钵。

这类器物中早期的与龙泉地区南宋晚期至元代早期产品较为接近，如鬲式炉、折沿小洗、莲瓣纹碗等。此种类型的器物在龙泉地区一直延续到元代早期，考虑到外围地区生产具有一定的滞后性，不排除开始于元代早期的可能性。器物的时代下限，从高足杯的竹节形柄等形态与纹饰来看，当已进入明代。

据此，此类器物的生产可能从南宋晚期或元代早期一直延续到明代。从窑址的调查情况来看，此类产品产量比较少。

图2-47　缙云大溪滩窑址群精细类青瓷

⑧　黄彩红、陈福亮：《缙云大溪滩窑址群地面调查简报》，《东方博物（第三十三辑）》，浙江大学出版社，2009年。

（2）粗放类产品

粗放类产品以碗类器物为主，其次是盘与碟类器物(图2-48)。胎体普遍较为厚重，尤其是底足部分的胎壁较厚。胎普遍较粗，并夹杂有少量的黑色斑点状杂质，胎质较疏松，有较多的细小气孔，胎色土黄。青黄色薄釉，外底不施釉，釉层较薄而均匀，但玻璃质感不强，较干枯而缺少润泽度。

图 2-48　缙云大溪滩窑址群粗放类青瓷

有较多的纹饰装饰，技术上主要有刻划花与印花两种。刻划花主要是在碗类器物的内腹刻划莲荷等纹饰，印花则在碗的内底印以小朵的折枝花卉。亦有碗底装饰以印章形的文字，内容主要有"河滨遗范""河滨清凉""金玉满堂"等。

装烧上普遍使用匣钵叠烧技术，即在较高的M形匣钵内叠烧多件器物，可以大大提高器物的装烧量。叠烧可以分成两种方式，一种是器物之间仅使用泥点间隔，另外一种是器物的内底刮釉形成涩圈再叠烧。最下部一件器物与匣钵之间垫以陶质的泥饼。

结合龙泉地区的窑业发展过程来看，粗放类产品的时代可能与精细类产品基本一致，即始于南宋晚期或元代早期，延续至明代，主体可能属于元代。

我们在窑址中发现了精粗两类产品同窑合烧而粘连的标本，精细类产品放置于叠烧器物的最上面，下面为一叠粗放类器物。表明这两类制品很可能是同时烧造的，而不是像调查简报中所谓的先有精细类产品，再有粗放类产品。在浙江的制瓷史上，多件叠烧器物中优先保证最上面一件器物质量的情况不乏其例。如唐代的越窑，其烧造方式与大溪滩窑址基本一致，亦为多件匣钵叠烧，同一匣钵内下面的多件器物通常外腹施釉不及底以使叠烧时更不易粘连，而最上面一件不仅施满釉，且通常釉层更厚、润泽度更佳，一般是该窑址中的精品器物。由于大溪滩窑址未进行发掘，具体情况不是很明确，但从采集到的标本来看，精粗两类制品可能是始终共存的。

图 2-49　丽水保定窑址群　　　　　　　　　　　图 2-50　丽水保定窑址采集标本

2. 丽水保定窑址群 [9]

保定窑址群位于丽水市莲都区、松阴溪与瓯江交汇处，在保定村后沿着通济堰开拓渠两岸有窑址 12 处 (图2-49)。

时代从南宋时期一直延续至明代，以元明时期为主。

浙江省文物管理委员会曾对 4 号窑址进行过小规模发掘，发现龙窑炉 3 条，两端均残。Y1 残斜长 37 米、宽 2.25 米，方向南偏东 22°，窑底斜坡 10°~13°，以土坯耐火砖砌壁。

整体上胎釉质量均比较差，胎质粗，釉色青黄、青灰或泛白，釉面干涩，且釉层多较薄，有少量的印花等装饰，比较简单 (图2-50)。装烧上普遍使用叠烧，或直接泥点间隔，或涩圈，或内底中心不施釉。使用 M 形匣钵。

3. 遂昌湖山窑址群

遂昌的窑址以湖山窑址群最具代表性，包括金钩里、坑里潘、周村、摇风亭等多处窑址。

产品似乎亦可划分成精粗两类，以粗放类产品为主，但其差别没有缙云大溪滩窑址群明显，精细类产品的质量远不及大溪滩。

器物主要是碗、盘类 (图2-51)。精细类产品胎色灰白，胎质较为细腻坚致；青绿色釉略厚，玻璃质感强，有一定的润泽度，但湿润如玉的质感不强；装饰主

⑨　复旦大学文物与博物馆学系、丽水市莲都区文化和广电旅游体育局（文物局）：《丽水保定窑址》，文物出版社，2021 年。

要是外腹的凸莲瓣纹和内底的印花纹，内底的印纹除简单的折枝花卉外亦有双鱼等。粗放类产品则基本为灰黑色胎，胎质较粗；釉色以土黄色为主，玻璃质感不强，釉面干枯而缺少光泽；装饰既有外腹的凸莲瓣纹，亦有内底的印花与内腹的印花，纹饰题材除折枝花卉外亦有人物故事，不同的题材可能代表了不同时期的风格。

图 2-51　遂昌湖山窑址采集标本

两类制品均外底不施釉，装烧方式应该基本一致，为匣钵多件器物叠烧。叠烧方式有三种：第一种是器物之间使用泥点间隔；第二种是器物的内底外圈刮釉形成涩圈叠烧；第三种则是内底中心刮釉形成圆块状的叠烧区域。这三种叠烧方式应该略有早晚，大致应该代表了三个不同时期。匣钵与器物之间使用陶质泥饼垫烧。

图 2-52　庆元竹口窑址群

4. 庆元竹口窑址群

竹口是庆元西北部的一个大镇，流经该镇的竹口溪从地理位置上看已属于闽江流域，而竹口镇周边的窑业在面貌上亦与属瓯江流域的同镇上垟地区差别较大（图2-52）。后者是龙泉南区核心窑址群的组成部分，而前者表现出更多的边缘窑业性状。

竹口镇周边的窑址面貌相当复杂，以龙泉窑为主体，而浙江纯烧黑釉瓷的建窑系窑址亦集中于此，此外还有一定数量的青花窑址。这是浙闽赣三省交界地区窑业文化的集中交流与分布区。

竹口镇地区除潘里垄以生产黑釉建盏为主的窑址（编号为Y2）经过正式发掘外，其他的窑址更多的限于地面调查，因此面貌并不是十分清晰。

从调查的情况来看，竹口镇最早的窑址（黄坛窑址已在前文介绍，且并不在此区域内，此处不论）是潘里垄编号为Y1的黑釉瓷与龙泉青瓷合烧的窑址。采集到的零星标本基本为莲瓣纹碗，胎色灰白，胎质较为细腻，釉层厚而均匀，釉面莹润饱满，玉质感强，足端刮釉以垫烧，窑具为M形匣钵与瓷质的垫饼。垫饼有两种，一种是略近扁圆形，另外一种是底部外凸近"T"形。此类垫饼广泛地流行于南宋晚期与元代早期的龙泉窑。结合Y2的发掘情况来看，该窑址的时代当为南宋时期。

此类纯烧黑釉瓷的窑址，在庆元的黄田还发现一处。

竹口镇其他窑址的主体堆积当为明代，元代的产品当然也有，但远不如明代规模之庞大。我们在竹口镇窑址附近村民家中的泥墙上发现了扁圆形的瓷质垫饼，时代应该是南宋至元代。

明代应该是竹口地区窑业的最鼎盛时期（图2-53）。新窑地区的产品质量比较差，碗类器物占绝大多数，胎体厚重，基本为素面无纹。胎质粗疏，胎色灰黑；釉层较薄，釉色青灰而润泽度不强，外底不施釉。以M形匣钵单件装烧或叠烧，器物与匣钵之间使用陶质泥饼。

而竹口镇西边的中心地区则基本不见上述灰黑色胎器物。器形极为丰富多样，碗是大宗产品，其次是盘，此外各种形态的三足炉、瓶数量亦不在少数，鼓形凳、熏、动物小塑像等颇具特征。胎色多较灰白，胎质略显粗松。釉层较薄而玻璃质感强，外多不施釉，釉色多呈豆青色。流行纹饰装饰，主要是粗线条的刻划花。碗、盘类器物仍旧以匣钵内多件叠烧为主，器物内底刮釉以防粘结，瓶类器物当为匣钵单件装烧。

图2-53　庆元竹口明代窑址堆积

这一地区窑址的晚期地层中青瓷与青花瓷并存，从龙泉窑到青花瓷有清晰的演变过程，代表了龙泉窑最晚期的一个基本面貌，其下限可能到清代。

5. 青田万埠窑址群

窑址位于青田县万埠乡政府东北的白库竹村，这里紧邻福建（图2-54）。调查发现有两处以上窑址。

图2-54　青田万埠窑址群

图 2-55　青田万埠窑址采集青瓷标本　　　　　　　图 2-56　青田越窑系窑址出土青瓷上的划花装饰器

　　Y1、Y2采集的标本中主要为碗、盘、碟、小洗类器物，从器盖的存在看应有罐类琢器（图2-55）。胎呈灰白，胎质较细，釉色青黄。造型上总体较厚重，尤其是底部较厚实。流行刻划装饰，碗、盘类大口器内腹或内外腹均有，以粗线条结合篦划纹刻划花卉，风格较为粗放。该窑址的产品类型、器形、胎釉特征、装饰等与龙泉窑两宋之际的产品几近一致。

三　丽水地区越窑系窑址

　　越窑类型的窑址目前仅发现青田山根垟窑址一处。产品包括碗、盘、碟、盏、盏托、执壶、盒、瓶等，均为越窑常见的器形，仅倒流壶等目前未见于越窑。从器形上看，碗包括敞口碗、侈口碗、花口碗、斗笠碗等，盏亦有花口与圆口之分，执壶出筋，均为越窑主要的造型。装饰主要是细划花（图2-56），题材相对较为单一，主要是花卉，亦为越窑常见。胎色泛灰，釉色青黄或青灰色，其呈色、质感与越窑北宋中晚期产品极为接近，几乎难以区别。装烧上使用匣钵装烧，M形匣钵，垫圈支垫，亦有目前仅见于越窑遗址的"山"字形垫圈。因此该窑址无论是产品类型、器形、胎釉呈色、装饰，还是装烧等方面，均与越窑十分接近，其时代在北宋早中期前后。

　　青田处于瓯江的中游地区，在龙泉与温州之间，青田山根垟窑址的产品属于北宋中期前后越窑系青瓷。本地区宋代窑业的变化，一方面体现了越窑与龙泉窑的消长，另外一方面也清晰地反映了这里是古代窑业交流的通道，越窑经过此地区向龙泉传播，而龙泉窑亦从此地向外辐射。

四　丽水地区建窑系窑址

建窑以及建窑系的窑址主要集中在庆元的竹口地区，这里有浙江唯一纯烧建窑黑釉瓷窑址。丽水地区烧造建窑与建窑系产品的窑址可以划分成四个类型：纯烧；与龙泉青瓷合烧，产量亦比较大，产品面貌与建窑十分接近；与龙泉青瓷合烧，产品面貌亦与建窑接近，但比例极低；与龙泉青瓷合烧，但产品面貌与建窑差别较大，是建窑经过改造的地方类型。

第一个类型以庆元潘里垄Y2为代表[⑩]，包括黄田窑址，浙江地区纯烧建窑黑釉瓷的窑址目前仅发现这两处。潘里垄Y2于2011年经过正式考古发掘，清理出龙窑炉1条（图2-57），产品中黑胎黑釉瓷盏占绝大多数（图2-58），兼有极少量擂钵、执壶、罐、盆、缸等。窑具有漏斗形匣钵、M形匣钵、圆形泥质垫饼、圆柱形支烧具等。漏斗形匣钵明显具有福建风格，而不见于浙江传统的青瓷窑业中。

第二个类型以庆元潘里垄Y1为代表，产品包括龙泉窑青瓷与建窑黑釉瓷（图2-59）。黑釉瓷器的产品面貌及装烧方式与潘里垄Y2基本一致，亦具有明显的福建文化特征。

图 2-58　庆元潘里垄窑址出土黑釉瓷盏

图 2-57　庆元潘里垄窑址

图 2-59　庆元潘里垄窑址 Y1 出土的龙泉窑青瓷与建窑黑釉瓷

⑩ 刘建安：《庆元县潘里垄宋代窑址出土茶器考论》，《东方博物（第四十八辑）》，浙江大学出版社，2013年。

图 2-60　龙泉东区 BY24 采集龙泉青瓷与建窑黑釉瓷　　图 2-61　缙云大溪滩窑址采集黑釉瓷

　　第三个类型分布范围比较广。在龙泉窑核心分布区的龙泉南区大窑、溪口等地，经常能采集到零星的建窑黑釉瓷标本，通常质量比较高，但由于数量过少，不能确定是否为本地区烧造。在龙泉东区的部分窑址中，虽然建窑黑釉瓷所占比例仍旧不是很高，但数量要比南区多许多，同时我们还采集到了与匣钵粘结的标本，证明是本地区烧造的。其产品面貌与建窑黑釉瓷比较接近（图 2-60），但粘结的匣钵均为龙泉窑的 M 形匣钵，说明建窑的影响已相当弱了。

　　第四个类型主要集中在缙云的大溪滩窑址群。这一窑址群除了龙泉窑产品以外，还同时烧造少量的黑釉器物，器形基本为束口的盏，胎色灰黑，黑褐色釉较薄，部分器物口沿有浅色釉一圈（图 2-61）。此类器物明显受建窑影响，但又经过改造：釉层较建窑为薄，玻璃质感没有建窑强，口沿作浅颜色一圈的做法更不见于建窑。这类产品在金衢地区较为常见，是对建窑产品改造后的一种地方类型。缙云邻近金华，此类产品当是受婺州窑影响而出现的。

五　丽水地区青白瓷窑址

　　青白瓷窑址数量极少，目前仅在龙泉南区大窑窑址群的三里片发现少量窑址，与龙泉窑址混杂在一起，但无论是产品还是窑具均与龙泉窑有较大区别（图 2-62）。

　　产品以碗为主，包括执壶、盒子、罐等。胎呈极浅的灰白色，胎质较细。

图 2-62　龙泉大窑地区青白瓷窑址采集标本

青白釉深浅不一，浅的白中略泛青，玻璃质感强，质量较佳；深的呈深灰色，釉面干涩，质感较差。一般通体施釉，外底露胎，内底涩圈以叠烧。装饰以素面为主，执壶、盒子等见有细密印纹。由于跟龙泉窑址混杂一起，不能确定装烧上是否使用匣钵。但龙泉窑这一时期已极少使用支烧具，而该窑址见有较多筒形支烧具，推测明火裸烧为主的可能性比较大。碗类器物普遍使用涩圈叠烧。发现少量的垫具与间隔具。垫具为环形泥条，应该是器物与匣钵之间间隔使用，因此部分高质量的器物应是使用匣钵装烧。少量的间隔具近似于盘口形，此类窑具在龙泉窑中罕见，而在浙江其他青白瓷窑址中常见。

从采集到的标本特征来看，时代当为南宋至元代。

浙江地区的青白瓷窑址主要分布于与福建、江西交界的衢州江山、温州泰顺一带。在龙泉窑最鼎盛时期的核心区烧造青白瓷，此种窑业分布现象罕见，而且极其值得思考。此外在云和县也有少量的窑址发现。

六　丽水地区青花瓷窑址

这一类型的窑址主要集中在庆元的竹口一带，包括下济、樟坑等窑址，此外竹口镇生产龙泉窑青瓷器窑址的中晚期亦生产青花瓷器。时代可能主要是明末清初前后。

图 2-63　庆元下济窑址采集的青花瓷标本

　　下济窑址的产品质量相对比较高，以碗、盘类器物为主（图2-63）。胎色灰白，胎质细密。通体施满釉，仅足端刮釉以垫烧。釉色青中泛白，玻璃质感强。青花纹饰多数较为简单，盘类器物的内底与腹部较为复杂，主要有人物故事、花卉等。颜色多较暗，少部分发幽蓝之色。窑具主要是M形匣钵，多数器物为单件匣钵装烧。[11]

　　樟坑窑址的产品质量明显较下济窑址为差，纹饰更为简单。窑具主要是间隔具，涩圈叠烧，明火裸烧而不见匣钵。

---

[11]　叶海、刘建安：《庆元县下济清代窑址调查简报》，《东方博物（第五十辑）》，浙江大学出版社，2014年。

小　结

龙泉窑所在的丽水地区，最早的窑业出现在隋唐时期，主要受邻近的婺州窑影响，整体胎釉质量较低，产品较粗，装饰简单，并且沿着瓯江一直往福建地区传播。虽然规模小、分布零散、产品质量差，但开启了本地区烧造瓷器的先河。

进入五代时期，婺州窑的影响减弱，而瓯窑的影响增强，规模仍旧不大，但为龙泉窑早期窑业奠定了基础。

到了北宋早中期前后，越窑系青瓷的窑业影响深入瓯江地区，并进一步扩张至金村。在吸收瓯窑等技术、文化因素后，全新的窑业技术终于在瓯江上游发芽。

进入北宋晚期，随着越窑的衰落，龙泉窑吸收耀州窑等技术，形成以双面刻划花装饰为特征的新窑业传统，并迅速向金村以外地区扩张：北线过大窑、石隆、东区，进一步向温州、台州、金华、衢州等地区扩散，几乎遍及大半个浙江；南线过庆元，沿着闽江往松溪、建阳等地区扩张，一直到闽南地区，形成了所谓的珠光青瓷传统。龙泉窑从一个地方性小窑场变成了一个有重要影响力的全国性窑场，其产品亦开始走向日本等国际市场。

自南宋早期开始，吸收了汝窑技术的大窑地区窑业迅速做大做强，并取代金村成为新的窑业中心。以粉青厚釉为特征的宋元时期龙泉窑，规模进一步扩大，质量进一步提升，最终将自己推上了中国名窑的位置。这是中国吸收了官民技术、在南北窑业共同激荡下形成的最大规模的青瓷窑场。

同是在宋代，建窑与湖田窑亦迎来了各自的高光时刻，并侵入了龙泉窑的核心区，虽然规模均不大，但丰富了丽水地区的窑业面貌。

明代龙泉窑衰落后，浙江制瓷业基本走到了尽头，受福建、江西窑业技术影响，仅在三省交界地区有零星的青花瓷窑址分布，而庆元地区是明清时期浙江青花瓷的重要分布区之一。

第
三
章

龙泉窑淡青釉瓷器基本特征

一　金村地区烧造淡青釉瓷器窑址

北宋是目前已知龙泉窑成系列、成规模生产的时期，一般也可看成其真正意义上的创烧时期。北宋时期的龙泉窑创造于现在的龙泉金村与庆元上垟地区，由于庆元的设县要晚至南宋中期，因此北宋时期的上垟地区仍属于龙泉，即目前最早的龙泉窑遗址虽然分属于龙泉与庆元两县，但北宋时期这里均属于龙泉地区。北宋时期最早的龙泉窑产品一般被称为淡青釉瓷器，是龙泉窑早期产品的特定称谓。可确定的窑址主要包括金村的屋后山 Y 11，溪东 Y 14，下会 Y 16，后呑 Y 17，大窑榉 Y 20、Y 22、Y 24 以及上垟大窑榉 Y 23 等共 8 处窑址。其中以大窑榉窑址最为集中、堆积最厚、序列最完整、产品质量最高、种类最为丰富。

大窑榉是金村地区窑址最为集中的区域，这是瓯江西岸一处西北—东南朝向的山呑，也是金村地区最为开阔的区域，从最南边的 Y 27 开始，过后呑，一直延续到下会的 Y 16，窑址连绵不绝，从江岸边到山坡的中部密布窑业废品堆积（图3-1）。目前能确定的烧造淡青釉瓷器的窑址绝大多数集中在这里，说明该区域是龙泉窑的始兴地。

由于地面堆积极其丰厚，且均延续时间极长，地表被大量的晚期堆积所覆盖，因此这一区域确定的窑址数量仅是根据地面调查而得，实际应该超过目前所确定的数量。

图 3-1　龙泉金村大窑黄窑址群

图 3-2　龙泉金村下会窑址

这一地区的后期扰动非常严重，我们在进行考古试掘与勘探时几乎无法确定淡青釉时期的原生地层。仅在 Y22TG2 发现了少量的原生地层。

（一）下会 Y16

位于金村南边，梅溪的西岸。窑址坐西朝东，背靠较高峻的山峰，面临梅溪，梅溪与窑址之间是略开阔与平缓的坡地，现为水稻田（图3-2）。山坡上与水田里均有堆积，目前采集到的标本基本是来自山坡上。窑址上有一座民房，对窑址造成较大破坏。

窑址延续时间较长，始于烧造淡青釉瓷器的北宋早中期，历北宋晚期、南宋早中晚期等。

淡青釉瓷器器形主要有碗、盘、执壶、器盖等（图3-3、图3-4）。碗有敞口碗、侈口碗、斗笠碗等；盘为侈口浅坦腹，矮圈足外撇；执壶出筋。见有简单的装饰，或碗、盘内底划粗率的细花卉，或壶外腹刻划较粗的花瓣类花纹。薄釉极浅淡，是典型的金村淡青釉。单件装烧器物装烧方法有两种：一种是器物满釉，外底用垫圈垫烧，垫圈与底之间使用泥点间隔（图3-5）；另外一种是外底不施釉，用小泥饼垫烧（图3-6）。此类器物无论是器形还是纹饰均与越窑极其相似，使用垫圈垫烧的器物无论是窑具还是垫烧方法亦完全一致。

窑具以 M 形匣钵为主（图3-7），垫具主要是垫圈与陶质垫饼，还发现有少量的支烧具（图3-8）。

图 3-3　龙泉金村下会窑址采集淡青釉瓷器标本　　　　图 3-4　龙泉金村下会窑址采集淡青釉瓷器标本

图 3-5　龙泉金村下会窑址满釉垫圈垫烧标本　　　　图 3-6　龙泉金村下会窑址外底不施釉垫饼垫烧标本

　　北宋龙泉窑略论稿

图 3-7　龙泉金村下会窑址 M 形匣钵

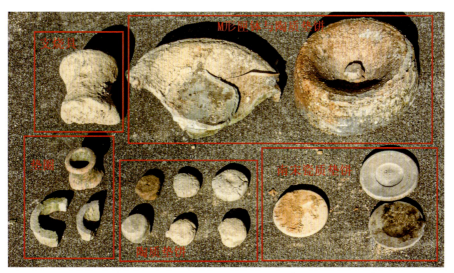

图 3-8　龙泉金村下会窑址窑具

（二）后岙Y17

位于金村南边，梅溪西岸，北边紧邻 Y16（图3-9）。地形与窑址分布与Y16相似。

窑址延续时间较长，从采集的标本来看，始于北宋中期，历北宋晚期、南宋早中期等。

图 3-9　龙泉金村后岙窑址

图 3-10　龙泉金村后吞窑址采集淡青釉瓷器

淡青釉瓷器器物种类、器形、装饰、装烧工艺等与Y16基本一致（图3-10）。装烧上或单件匣钵装烧，或匣钵内多件叠烧，或多件明火裸烧。

窑具基本为M形匣钵（图3-11），垫具为垫圈与陶质垫饼两类，有少量的筒形支烧具。

图 3-11　龙泉金村后吞窑址 M 形匣钵与垫圈

（三）溪东Y14

Y14位于金村溪东的西坡。北边与Y13相连，南边与Y15相接。窑址坐东朝西，山坡下为梅溪与村民房屋（图3-12）。

窑址延续时间较长，从采集的标本看，始于北宋中晚期，历北宋晚期、南宋早期。

淡青釉瓷器器形主要是碗与执壶

图 3-12　龙泉金村溪东窑址

058　　北宋龙泉窑略论稿

图 3-14　龙泉金村屋后山窑址

图 3-13　龙泉金村溪东窑址采集淡青釉瓷器　　　图 3-15　龙泉金村屋后山窑址采集淡青釉瓷器

（图3-13）。碗有斗笠碗、侈口碗等，执壶出筋。装饰有越窑常见的刻花花卉，采集标本的纹饰多更粗率。薄釉极浅淡，是典型的金村淡青釉。

（四）屋后山 Y11

该窑址位于金村屋后山南坡，东边与 Y10 相连，西边与 Y12 相接。窑址坐北朝南，山坡下为梅溪与村民房屋，破坏较为严重（图3-14）。

窑址延续时间较长，从采集的标本来看，始于淡青釉时期，历北宋晚期、南宋早中期、元代等。窑址被民房破坏严重，仅在地面采集到极少量细碎的淡青釉瓷片，包括碗、执壶等器形（图3-15）。

（五）上垟大窑犇 Y23

该窑址位于金村大窑犇窑址群的对岸，与 Y22 隔岸相望，中间为梅溪，行政区划上属于庆元县竹口镇上垟村，是庆元唯一一处烧造淡青釉瓷器的窑址。窑址上坡山势略陡，下坡为稻田（图3-16）。堆积范围广而丰厚，山坡上采集到的标本时代跨度很大，从淡青釉时期开始，历北宋晚期、南宋早期，一直持续到南宋中期。

淡青釉瓷器器物种类、器形、装饰等与Y16接近（图3-17、图3-18）。薄釉极浅淡，是典型的金村淡青釉。装烧方法大致分为两种：一种是器物满釉，外底用垫圈垫烧，垫圈与底之间使用泥点间隔；另一种为施半釉，多件器物叠烧。

窑具以M形匣钵为主，垫具有垫圈与陶质垫饼。

（六）金村大窑砻Y20、Y22、Y24

三处窑址基本连成一片，在地面上很难区分开。我们对位于中部的Y22进行了小规模的试掘，仅在TG2发现了少量的原生地层（图3-19）以及窑炉遗迹。

堆积范围广而丰厚，山坡上采集到的标本主要包括北宋早中期淡青釉瓷器标本、北宋晚期翠青釉瓷器标本，以及南宋到元代的青瓷（图3-20）。上坡山势略陡，下坡为平缓的梯田。在上下坡采集到的标本略有差别。

下坡主要是南宋时期的产品，包括南宋早中期与南宋晚期。南宋早中期的主要是莲瓣纹碗与荷花纹碗，敞口，斜直腹略弧，小平底较厚，粗矮

图3-16 庆元上垟大窑砻窑址

图3-17 庆元上垟大窑砻窑址采集标本

图3-18 庆元上垟大窑砻窑址采集标本

图 3-19　龙泉金村大窑垟 Y22 地层堆积

图 3-20　龙泉金村大窑垟 Y22 出土瓷器

图 3-21　龙泉金村大窑垟 Y22 出土淡青釉瓷器与窑具

图 3-22　龙泉金村大窑垟 Y22 出土淡青釉瓷器与窑具

圈足，或外腹饰凸莲瓣纹，或内腹刻划荷花纹。釉色以较淡的近粉青色为主，也有青黄色，釉层较薄，但已乳浊化。此类器物一般为陶质垫饼垫烧，外底不施釉。南宋晚期的主要是盘、折腹小洗等，盘外腹或饰粗凸莲瓣纹。厚釉，质量极高，足端刮釉以承烧。这是目前已发现的金村地区南宋晚期产品最多、时代最明确、质量最高的一个窑址。窑具主要是 M 形匣钵与瓷质垫饼。

　　上坡采集到的产品年代跨度更大，包括北宋早中期淡青釉瓷器、北宋晚期翠青釉瓷器以及南宋早中期青瓷等。淡青釉瓷器主要是碗、盘、执壶等（图 3-21、图 3-22）。碗有敞口碗、侈口碗、斗笠碗等；盘为侈口浅坦腹，包括圈足与卧足两种；执壶出筋作屏风式布局。流行装饰，主要为刻划花，题材中牡丹纹常见。极薄透明釉，釉色浅。装烧方法有两种，一种是器物满釉，外底用垫圈垫烧，垫圈与底之间使用泥点间隔；另外一种是外底不施釉，用小泥饼垫烧（图3-23）。

在Y22TG1的底部发现了一段窑炉遗迹（图3-24），为斜坡状龙窑，用砖坯、石块及匣钵砌筑，一侧开有窑门。底部铺有密集的M形匣钵，应该是作为支烧具使用。

图3-23　龙泉金村大窑墘Y22淡青釉瓷器两种
　　　　装烧工艺

图3-24　龙泉金村大窑墘Y22龙窑遗迹

二　第一类型淡青釉瓷器基本特征

根据器形、装饰、装烧工艺以及胎釉特征等，淡青釉瓷器产品可以划分成两个大的类型。其中第一类型为满釉类器物，造型轻巧，流行复杂刻划花装饰，使用垫圈垫烧。

（一）器形特征

主要器形有碗、盘、盒、盂、执壶、罐、盏、盏托、钵、五管灯、斗笠碗、熏、盘口壶、五管瓶等。整体造型上胎体较厚重，尤其是底部与圈足。圈足多较粗矮，足壁较直，足端较为方平，缺少越窑常见的足端较圆而外撇的纤细圈足。

1. 碗

主要有侈口深弧腹、敞口深弧腹和敞口斜弧腹碗，腹均较深。

侈口深弧腹碗　尖圆唇，侈口，弧腹较深，平底矮圈足。口沿常作花口，腹

3-25

3-28

3-31

3-26

3-29

3-32

3-27

3-30

3-33

作瓜棱。内底常见细线划花的简单花卉纹饰 (图3-25~图3-27)。

　　敞口深弧腹碗　圆唇，敞口，深弧腹，平底矮圈足。口沿常作花口。内底常见细线划花的简单花卉纹饰 (图3-28~图3-30)。

　　敞口斜弧腹碗　亦称斗笠碗。尖沿唇，敞口，斜直腹或直腹略弧，小平底，矮圈足较直而小。内底常见细线划花的简单花卉纹饰 (图3-31~图3-33)。以圆口为主，亦

3-34   3-35   3-36

3-37   3-38

图 3-34   敞口斜弧腹碗
图 3-35   敞口斜弧腹碗内底装饰
图 3-36   敞口斜弧腹碗外底满釉
图 3-37   敞口斜弧腹碗内腹蕉叶纹
图 3-38   敞口斜弧腹碗莹润釉色

有作花口的（图3-34~图3-36）。除花口与内底有简单的花卉装饰外，这一类型的碗内腹与底常见通体刻划复杂的蕉叶纹装饰：以粗的线条刻划蕉叶轮廓，内填以细的茎络纹，构成多层次的画面（图3-37）。并且这一类型的碗胎釉质量特别高，胎质细腻洁白，釉色青中泛白，釉面莹润，是这一时期的精品（图3-38）。

另外还应该有直口深弧腹碗，可复原器物几乎没有，仅见有直口的口沿处残片。与盖套合后成盖碗。

2. 盘

有敞口盘与侈口盘两种。尖圆唇，浅弧腹，大平底。按足可分成矮圈足与卧足两大类。

敞口圈足盘   敞口，浅弧腹，大平底，大圈足。圈足均较大而矮。足壁或较短直（图3-39、图3-40），或较卷而外撇（图3-41~图3-43）。

敞口卧足盘   敞口，浅弧腹，大平底，卧足。常作花口、瓜棱腹，内底有简化的花卉纹（图3-44~图3-46）。

侈口圈足盘   侈口，浅弧腹，大平底，大圈足。圈足均较大而矮。足壁或较短直（图3-47~图3-49），或较卷而外撇（图3-50~图3-52）。多作花口、瓜棱腹，

064   北宋龙泉窑略论稿

3-39

3-40

3-41

3-44

3-47

3-42

3-45

3-48

3-43

3-46

3-49

3-50	3-51	3-52
3-53	3-54	3-55

内底细线划简化的花卉纹。部分器物内腹与内底满饰蕉叶纹,其做法与装饰此类纹饰的斗笠碗一致:以粗线刻划蕉叶的轮廓,细线填茎络,胎釉质量特别高(图3-53～图3-55)。总体而言,圈足较直矮的器物胎釉质量较差,胎质粗,釉面较干涩;圈足外撇的器物胎釉质量较好,釉面较为莹润,其中以内腹与内底满饰蕉叶纹的类型质量最高。

　　3. 执壶

　　执壶有圆鼓腹带盖执壶与深弧腹出筋执壶,以后者为主。

　　深弧腹执壶　大喇叭形敞口,细长颈,圆肩,深弧腹,平底,矮圈足(图3-56、图3-57)。肩部的流细长而弧曲(图3-58),与流相对的宽泥条形柄拱曲(图3-59),两侧或设有耳,耳面通常模印有纹饰(图3-60)。

3-56

3-59

3-62

3-57

3-60

3-63

3-58

3-61

3-64

外腹一般以多道凸起的出筋作屏风式布局，屏面上装饰以细线划花的纹饰（图3-61），包括简化的花卉纹、云气纹、莲瓣纹、蕉叶纹（图3-62）等。一般作圆腹，部分器物外腹修成多角形（图3-63、图3-64）。

4.盏

盏均为深弧腹圈足，按口不同可分成直口、敞口与侈口等不同类型。

直口深弧腹盏　尖圆唇，直口，深弧腹，小平底，矮圈足较直而高（图3-65～图3-67）。

3-65

3-68

3-71

3-66

3-69

3-72

3-67

3-70

3-73

敞口深弧腹盏　敞口，深弧腹，小平底，矮圈足外撇。常作花口、瓜棱腹，花口与瓜棱连成一体，从口沿一直贯穿整个腹部（图3-68～图3-70）。亦见有八角形的盏，外腹装饰刻划花卉，胎釉质量特别高（图3-71～图3-73）。

侈口深弧腹盏　侈口，深弧腹，小平底，矮圈足外撇。常作花口、瓜棱腹（图3-74～图3-76）。

此外还有一类盏的圈足特别高，口沿均残，推测为敞口或直口深弧腹的可能性比较大。

3-74	3-75	3-76

3-77	3-78	3-79

5. 盏托

分三段式拼接而成：托盘为尖圆唇内卷，宽沿，沿面略内弧，折腹，大平底；中心为浅盘形的托柱，中空，较低矮，高与口沿基本平齐或略低于口沿；最下部为较高而外撇的圈足（图3-77~图3-79）。底部有一较大的圆孔与中心托柱相通，以防止因为中空而炸裂。宽沿多作简单的花口形，沿面以及托柱上常见有刻划花装饰。

6. 炉

最主要的器形之一。一般分炉身与圈足两段制作后拼接而成，炉身与圈足均变化较大，器形丰富多样。

炉身一般作直口、深直腹、圜底，外底有凸起的圆柱形小榫头。高圈足顶部作卯形以承托炉身，下有

3-80

3-81

3-82

3-83

3-84

凸棱，细高柄，多层台形高圈足（图3-80）。

　　炉身外腹通常装饰各种纹饰，如刻划的蕉叶纹
（图3-81）、莲瓣纹（图3-82、图3-83）。纹饰总体上较为
繁缛而精细，粗线刻划轮廓，细线刻划茎络，形成多
层次的构图，线条流畅有力。

　　7. 五管瓶

　　数量极少，胎釉质量较佳，部分当为满釉类器物。

　　上腹作多层塔形逐层上收，某一层上有多个呈多
角形的立管。五管只是泛称，并不限于五管。腹部装
饰双线刻划莲瓣纹（图3-84）。

　　8. 洗

　　数量不多。均作宽沿，按腹部不同有深直腹与深
弧腹等多种器形。

3-85

3-86

3-87

3-88

3-89

3-90

　　宽沿深直腹洗　尖唇内勾，宽沿，沿面内弧，直口，深直腹，大平底，底腹间折棱明显，矮圈足（图3-85）。

　　宽沿深弧腹洗　尖唇外凸，宽沿，沿面较平直，直口，深弧腹，大平底，底腹间弧形过渡，卧足（图3-86）。宽沿与内腹常装饰细线划花（图3-87）。

　　9. 盆

　　数量不多。尖圆唇，敞口，深弧腹，卧足。内腹与内底常见有细线划花装饰（图3-88～图3-90）。

　　10. 钵

　　数量不多。圆唇，侈口，深弧腹。底部残，当为卧足。外腹中部有两道凸弦纹装饰。从胎釉质量看应该是满釉类器物（图3-91）。

　　11. 五管灯

　　数量不多。宽沿，直口，深弧腹，平底，圈足外撇。内底有五管或多管，管常作仿生的莲花与花苞形，底部一侧有孔与盆形灯盘相通（图3-92、图3-93）。亦有人称之为占景盘。

3-91 3-94 3-97

3-92 3-95 3-98

3-93 3-96 3-99

12. 侧把壶

数量极少。管状流口较大而近似于小喇叭形,管身细长（图3-94）。

13. 瓶

数量不多。直口、短直颈,折肩,深弧腹略收,矮圈足。肩部有泥条环形耳,腹部装饰莲瓣纹,粗线条刻划轮廓,细线填茎络（图3-95、图3-96）。

14. 盒子

数量不多。均作子口,腹深浅不一,平底或带矮圈足,外腹见有弦纹等装饰（图3-97~图3-99）。

3-100

3-102

3-101

3-103

15. 器盖

器形较丰富，既有子口盖，也有母口盖。

宽沿大子口盖　盖面浅弧拱形，宽沿，沿下有较矮的大圈形子口，盖面中心有弧蒂形纽，盖面常见刻划蕉叶纹（图3-100、图3-101）。此类盖多与直口碗配套成盖碗。

母口盖　盖面浅弧拱形，宽沿，直腹，盖面常见刻划蕉叶纹等（参见图3-111）。此类盖多见于与盒子配套使用。

斗笠形盖　倒置的斗笠形，小平底，一侧有两个小镂孔（图3-102）。这一类型的盖与圆鼓腹执壶配套使用。

16. 带把器

仅残剩方扁形侧把。把面有细线划花（图3-103）。

这一类型还有盘口壶、夹层碗等器物。

总体而言，这一阶段的器物胎体较轻薄，器形轻巧，圈足常作外撇的较细高形，整体造型较为秀气。

3-104   3-105   3-106

3-107   3-108   3-109

（二）装饰特征

装饰较为复杂，在技法上有细线划花、粗刻花、刻划花组合、堆塑、镂孔、剔刻等。

1. 刻划花

最为流行的装饰技法之一。基本的做法是以粗线条刻划纹饰的外轮廓线，施各种地纹以衬托主体纹饰，如莲瓣纹与蕉叶纹的茎络等。

题材以莲瓣纹、蕉叶纹最为常见。一般见于碗、盘类大口器物的内腹、内底或内外腹部，器盖的盖面，执壶、盘口壶、五管瓶类小口器物的外腹部。整体上内容繁密、布局严谨。

碗以敞口斜弧腹型（斗笠碗）最为常见，内腹与内底满饰填以茎络的蕉叶纹（图3-104、图3-105），亦见有类似于海涛的纹饰，以粗线刻海浪、细线划波纹（图3-106）。

此类刻、划技法结合的装饰还见于侈口外撇圈足盘的内腹与内底部（图3-107），宽沿大子口盖的盖面（图3-108）、执壶的外腹部（图3-109）、炉的外腹

3-110

3-111

3-112

3-113

图 3-104　斗笠碗内腹与内底刻划蕉叶纹　　图 3-109　执壶外腹部刻划花装饰

图 3-105　斗笠碗内腹与内底刻划蕉叶纹　　图 3-110　炉身外腹部刻划花装饰

图 3-106　斗笠碗内腹与内底刻划海涛纹　　图 3-111　盖面刻划莲瓣纹

图 3-107　圈足盘内腹刻划花装饰　　　　　图 3-112　执壶外腹刻划莲瓣纹

图 3-108　器盖盖面刻划花装饰　　　　　　图 3-113　执壶刻划开光牡丹纹

部（图 3-110）、瓶的外腹部（参见图 3-95）等。题材以蕉叶纹为主，亦有莲瓣纹（图 3-111、图 3-112）、牡丹纹等。执壶上的牡丹纹多作开光式布局，除粗轮廓内的茎络纹饰外，开光外亦有较多细线纹饰，布局繁缛（图 3-113）。

除执壶外，刻划的牡丹纹还见于八角盏外腹的各面上（参见图 3-71）。

凡装饰此类刻划花纹饰的器物，不仅纹饰精美、构图复杂，给人一种华丽的视觉冲击，且一般胎釉质量均十分上乘，胎质更细，胎色更白，淡青色釉泛湖绿色，釉面莹润感十足。

2. 细线划花

最为流行的装饰技法之一。一般仅用细线划装饰图案。题材主要是各种花卉、云气等，海涛纹亦有一定的数量，线条较为流畅有力。花卉纹饰除沿用团花与缠枝两种布局外，出现大量简化的纹饰。

一般见于碗、盘类大口较小型器物的内底，盆、洗类大口大型器物的内腹与内底，器盖的盖面，执壶、盘口壶、五管瓶类小口器物的外腹部。

碗、盘类器物最常见的是内底简化的花卉装饰，其最流行的做法是中心

3-114   3-115   3-116

3-117   3-118   3-119

为细线划的简化花卉，外圈为四片简化的叶片，也偶见五片或六片的情况。纹饰总体上较为粗率，构图不是十分严谨，但线条尚为流畅。常见于卧足盘（图3-114）、圈足盘（图3-115）、敞口碗（图3-116）、侈口碗及斗笠碗（图3-117）等诸器上。

执壶装饰多在肩部（图3-118）、屏风式布局的屏面上（图3-119、图3-120）、多棱执壶的各个面上（图3-121）流行细线划花装饰，肩部多是简化的花卉，腹部多为细长的花卉或云气纹（图3-122）。

盆类大口大型器物内腹、内底常见有多层次的细线划花，题材主要是团花（图3-123）。

这一时期部分盖面上新出现一种外轮廓与内填茎络线条基本等粗的划花装饰，构成较为粗率，线条较为杂乱，蕉叶纹之间填以较乱的直条纹（图3-124）。

3-120   3-121   3-122

3-123   3-124   3-125

3-126   3-127   3-128

盏托基本为细线划花，主要位于宽沿沿面与托柱中心的托面上（图3-125）。

3. 粗刻花

单纯的刻花比较少，不如刻划花与细线划花流行。一般仅用粗线刻一个轮廓，题材亦较为简单，主要是莲瓣纹、蕉叶纹等。

莲瓣纹有粗短与粗长两种。粗长的见于斗笠碗等较深腹的器物外腹部（图3-126）。

盖面上的蕉叶纹较为简单，除轮廓外，仅有两道中心粗筋（图3-127）。

部分的盖面以及碗类的外腹部开始出现粗的条纹，多呈旋转形（图3-128）。

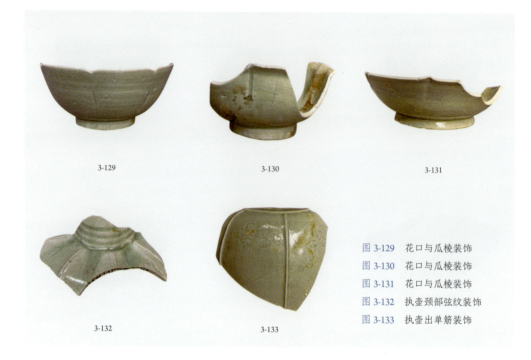

3-129   3-130   3-131

3-132   3-133

图 3-129　花口与瓜棱装饰
图 3-130　花口与瓜棱装饰
图 3-131　花口与瓜棱装饰
图 3-132　执壶颈部弦纹装饰
图 3-133　执壶出单筋装饰

4. 花口与瓜棱腹

广泛见于碗、盘、盏类器物上，做法基本相似。口沿作多个小的缺口形成花口形，与花口相对的腹部从外向内压印浅痕一道，形成瓜棱腹。花口与瓜棱腹或不相连（图3-129），或压印较深而相连（图3-130、图3-131），以后者更为常见。

5. 出筋或弦纹装饰

主要见于执壶、炉等器物的腹部。一般以三道凹弦纹刻划出两个凸起的出筋纹为一组，将器物腹部纵向分成等距的多份（参见图3-62）。多棱的器物腹部在折棱两侧各用一道凹弦纹，以形成中间凸起的出筋效果（参见图3-64）。执壶的颈近肩部常见有多圈凸弦纹（图3-132）。也有肩部与腹部的出筋均只有一道的（图3-133）

6. 剔刻装饰

至少有两种做法。一种是炉身下腹部常见的莲瓣纹，其瓣尖位于器腹中部，立体如盛开的莲花状（参见图3-82）。另外一种是减地做法，主要见于莲瓣纹装饰，顶层的瓣尖外部减地而使纹饰凸起，瓣面中心凸起向两侧略斜削而有立体感（参见图3-95）。

3-134

3-135

3-136

3-137

3-138

图 3-134　蒂形纽盖
图 3-135　盖上的泥条形纽
图 3-136　执壶堆贴的盾牌形耳
图 3-137　执壶堆贴的盾牌形耳
图 3-138　白色胎

7. 堆贴或贴塑装饰

此类装饰不是很多，较为多见的是盖纽与执壶的耳。

盖纽或作蒂形（图3-134），或作小泥条形（图3-135）。

执壶有一类耳作盾牌形堆贴于肩部，牌面模印各种花纹，包括花卉、动物以及文字等，纹饰多作凸起的阳纹（图3-136、图3-137）。

（三）胎釉特征与成型工艺

1. 胎釉特征

胎色较浅而几近白色（图3-138），胎质细腻而坚硬，气孔较小而少。南宋至元代成熟时期的龙泉窑胎色变化很大，从灰白色胎到深黑色胎均有。从龙泉窑瓷土矿的分布情况来看，窑址周边通常是烧造白胎瓷器的瓷土矿与烧造黑胎青瓷的紫金土矿相伴生，因此龙泉窑整体上深浅不一的胎色是与深浅不一的瓷土矿相对应的。

在整个龙泉窑发展史上，只有淡青釉时期的龙泉青瓷胎色最浅，且普遍呈白色，而不是深浅不一的多变色，说明这一时期对于瓷土矿是有意识进行选择

3-139　　　　　　　　3-140　　　　　　　　3-141

3-142　　　　　　　　3-143　　　　　　　　3-144

的，其目的就是烧造淡青釉效果的瓷器。这是一种有意追求的陶瓷文化。

釉呈淡青色，青中泛白或白中泛青，积釉厚处则泛湖绿色，釉层越厚，釉色越青（图3-139、图3-140）。釉面光洁莹润，玻璃质感极强但又不失润泽感，水头十足。施釉较均匀，但常见流釉、凝釉较为严重的现象（图3-141）。尤其是部分器物的外腹部，流釉与凝釉明显（图3-142）。

部分略泛黄的器物有象牙的质感（图3-143）。

大口的器物内外施满釉；小口的器物外腹施满釉，而内腹于目光所及处施釉，其余部位则或施釉或不施釉，较为随意（图3-144）。

2. 成型工艺

因为产品基本为圆形器物，所以以拉坯为最主要的成型工艺，瓶、执壶等小口类的器物内腹部常见

3-145   3-146   3-147

3-148   3-149   3-150

3-151   3-152   3-153

有密集的拉坯痕迹（图3-145），外腹则修坯较光洁，近底部常见有未修干净而显出的淡淡拉坯痕（参见图3-61）。碗、盘类较小型的日用器明显修坯较为粗率，尤其是素面、胎釉质量亦较为一般的器物，外腹部常见不明显的拉坯痕迹（图3-146～图3-148），而内腹的修坯则要光洁许多（图3-149、图3-150）。

多棱腹的器物亦为拉坯成型后修坯而成，而不是由多块拼接而成（图3-151）。这一传统应该是从唐代越窑的八棱净瓶就开始形成并沿袭下来的。

绝大多数器物为一次性拉坯成型，炉类器物则是炉身与圈足分段制作后以榫卯结构拼接而成（图3-152）。

执壶是颈与器身分别制作后拼接而成（图3-153）。

图 3-154　执壶流
图 3-155　执壶柄
图 3-156　窑具
图 3-157　窑具

3-154

3-155

3-156

3-157

　　执壶的流（图3-154）和柄（图3-155）、器盖的纽、外撇的圈足等应该是分别
制作后拼接而成的。

（四）装烧工艺

　　这一时期的窑具包括匣钵、垫具与支烧具（图3-156、图3-157）。

　　匣钵均为粗陶，以M形占绝大多数（图3-158），亦见有平底直筒形匣钵

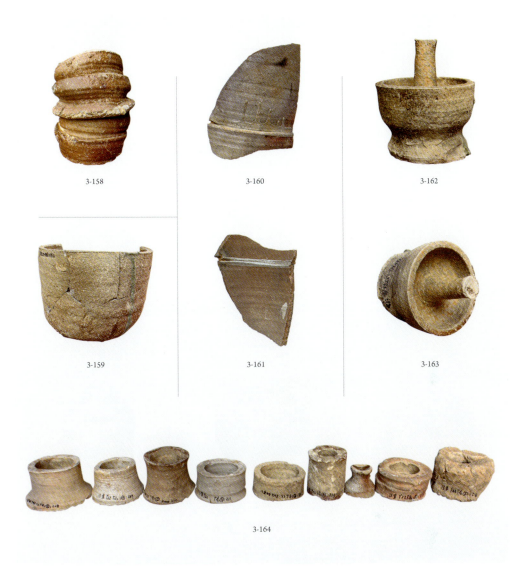

3-158

3-160

3-162

3-159

3-161

3-163

3-164

（图 3-159）。外腹均不施釉，偶见口沿用釉封口的现象，且胎质较细（图 3-160、图 3-161）。

另外有一种特殊的匣钵，剖面呈"山"字形，直筒腹内有一细长立柱，底作假圈足形（图 3-162、图 3-163）。

垫具均为垫圈，大小高矮不一，均为瓷质（图 3-164）。

3-165

3-166

3-167

3-168

3-169

3-170

3-171

3-172

3-173

支烧具作高大的直筒形，粗陶质（图3-165）。

以单件器物装烧为主，器物与匣钵之间使用垫圈垫烧（图3-166、图3-167）。碗、盘类器物使用M形匣钵（图3-168），而执壶类深腹琢器则使用筒形匣钵。器物与垫圈之间使用泥点间隔，泥点痕较粗长，数量较少（图3-169），也有多个泥点连成一片的（图3-170～图3-172）。

碗、盘类大口器物亦见有多件叠烧的现象，应是

图 3-165　支烧具
图 3-166　匣钵内的垫圈
图 3-167　器物外底的垫圈
图 3-168　M形匣钵装烧
图 3-169　执壶底部的泥点垫烧痕
图 3-170　执壶底部的泥点垫烧痕
图 3-171　卧足盘外底泥点垫烧痕
图 3-172　花口碗外底泥点垫烧痕
图 3-173　八角盏足端泥点垫烧痕

图 3-174　支烧具与匣钵组合
图 3-175　碗盖的装烧方式

3-174　　　　　　　　　　　3-175

置于高大的筒形匣钵中。器物之间使用泥点间隔，泥点痕较长，部分连成一片（参见图3-32、图3-33）。叠烧器物的外底泥点痕则不位于圈足内而在圈足上（图3-173）。

支烧具多主要用于明火裸烧器物，但发现的粘连器物是顶部粘结有M形匣钵，显然在此是作为匣钵内的支烧具使用（图3-174）。

从清理的窑炉底部保存情况来看，这一时期主要是使用匣钵作为支烧具。

盒类带盖的器物则普遍使用套烧技法，即盒身子口上或刮釉或满釉，与盖之间使用泥点间隔（参见图3-97）。

这一时期的盖碗普遍不使用套烧，而是碗与盖分开烧造，盖为满釉，内面使用垫圈垫烧（图3-175）。

三　第二类型淡青釉瓷器基本特征

第二类型的淡青釉瓷器总体上呈不断衰落的趋势：器类减少，器形单一，胎体变得厚重，胎釉质量下降，胎质变粗，胎色变灰，施釉不及底，外底均不施釉，釉面干涩而缺乏莹润感。此外装饰简化而粗率，第一类型常见的繁缛刻划花基本不见，而代之以更简化的纹饰。

（一）器形特征

最显著的变化是器类减少，器形更为单一，胎体由轻薄转向厚重。碗、盘类器物外卷的秀气圈足减少，出现更多的饼形底。口沿由以尖圆唇为主变成厚唇流行。以碗、盘为主，有少量盏、盏托、五管灯、炉、盘口壶、五管瓶等。

1. 碗

主要有侈口深弧腹、敞口深弧腹和敞口斜弧腹碗，腹均较深。

侈口深弧腹碗　圆唇较厚，侈口，弧腹较深，平底，圈足。口沿常作花口，腹作瓜棱形，圈足均较直矮。装饰以素面为主（图3-176），内底偶见细线划花的简单花卉纹饰（图3-177～图3-179），亦见有外腹装饰直条纹或菊瓣纹的（图3-180～图3-182）。装饰有纹饰的器物明显较素面的器物胎釉质量厚佳。

敞口圆唇深弧腹碗　圆唇，敞口，深弧腹，平底，矮直圈足。基本为素面（图3-183～图3-185），部分器物作花口、瓜棱腹（图3-186）。

敞口厚唇深弧腹碗　厚唇，敞口，深弧腹，饼形底为主，亦有较厚的圈足。基本为素面（图3-187～图3-190）。

3-176

图 3-176　侈口深弧腹碗	图 3-180　菊瓣纹侈口深弧腹碗
图 3-177　侈口深弧腹碗	图 3-181　菊瓣纹侈口深弧腹碗内腹
图 3-178　侈口深弧腹碗内腹	图 3-182　菊瓣纹侈口深弧腹碗外底
图 3-179　侈口深弧腹碗外底	

3-177　　　　　　　　　3-178　　　　　　　　　3-179

3-180　　　　　　　　　3-181　　　　　　　　　3-182

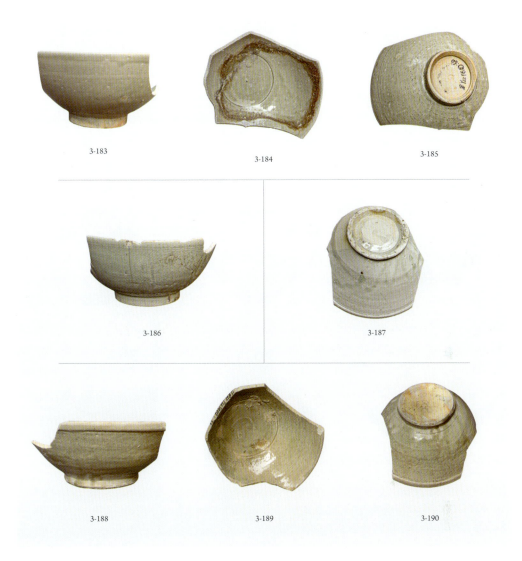

3-183

3-184

3-185

3-186

3-187

3-188

3-189

3-190

图 3-183　敞口深弧腹碗
图 3-184　敞口深弧腹碗内底
图 3-185　敞口深弧腹碗外底
图 3-186　敞口深弧腹碗
图 3-187　敞口厚唇碗外底
图 3-188　敞口厚唇深弧腹碗
图 3-189　敞口厚唇深弧腹碗内腹
图 3-190　敞口厚唇深弧腹碗外底

　　敞口斜弧腹碗　亦称斗笠碗。圆唇，敞口，斜直腹或直腹略弧，小平底，矮圈足较直而小。基本为素面（图 3-191、图 3-192）。

　　直口深弧腹碗　圆唇，直口，上腹较直，下腹急弧收，小平底，矮圈足。素面为主，部分有简单纹饰（图 3-193～图 3-195）。

　　敛口浅弧腹碗　　圆唇，微敛口，浅弧腹，小平底，矮圈足。素面为主，部分有简单纹饰（图3-196～图3-198）。

　　2. 盘

　　以卧足盘为主。尖圆唇，敞口，浅弧腹，大平底，卧足。很少见有装饰（图3-199～图3-201）。

　　3. 盏

　　直口或微敞口，深弧腹，矮圈足。基本为素面，部

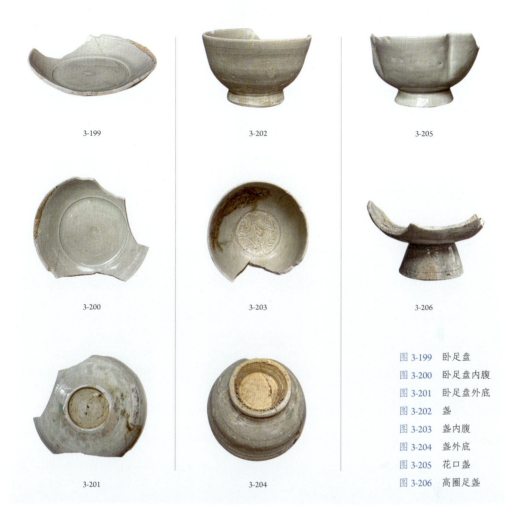

3-199

3-202

3-205

3-200

3-203

3-206

3-201

3-204

分内底有简单花卉（图3-202～图3-204）。部分作花口形（图3-205），少量圈足较高（图3-206）。

4. 灯盏

数量不多。厚唇，敞口，浅弧腹，小平底（图3-207、图3-208）。

5. 罐

数量不多。厚唇，直口，长颈，圆肩，深弧腹，饼形底。肩部有双泥条环耳，素面（图3-209、图3-210）。

3-207

3-209

3-211

3-208

3-210

3-212

3-213

3-214

3-215

6. 器盖

器形较为丰富，主要是子口盖。

大子口宽沿盖　盖面浅弧拱形，宽沿，沿下有较矮的大圈形子口，盖面中心有纽，盖面有简单纹饰，盖内不施釉（图3-211、图3-212）。此类盖多与直口碗配套成盖碗。

大子口无沿盖　盖面浅弧拱形，大圈形子口，盖面中心有纽，盖内面不施釉（图3-213、图3-214）。

小子口无沿盖　盖面双层台形，细长柱形子口，盖内面不施釉（图3-215）。

这一类型还有执壶、盘口壶、五管瓶、夹层碗等器形，但数量均极少，目前考古发掘调查与勘探中发现不多。

（二）装饰特征

装饰较为简单，技法主要有细线划花与粗刻花两种，第一类型流行的刻划花组合、堆塑、镂孔、剔刻等技法基本不见。

装饰更为简化，以素面为主，带装饰的器物比例远远低于第一类型；装饰的纹样亦更加粗率，内容简单，布局单一，不见以细线刻划地纹的多层结构，仅寥寥数笔刻划大致的轮廓，一般仅见于器物的单面，双面装饰的情况几乎不见。例如同是装饰蕉叶纹的斗笠碗，第一类型常见有内外满饰的现象，且粗线刻划外轮廓的蕉叶相当繁密，内划细的叶络，整体构图相当饱满；而第二类型的蕉叶纹一般仅见于器物的内腹部，外轮廓变细，叶络杂乱，线条滞涩。无论细划花、粗刻花，线条一般均较软弱无力。题材一般是简化的花草、蕉叶、云气等，常见于碗、盘类器物的内底，执壶、五管瓶类器物的外腹部。碗、盏类器物的花口造型仍较为常见，执壶仍多作出筋的屏风式布局。新出现一种直条纹，两侧斜坡状减地，上宽下窄，这种纹饰后在北宋晚期大量流行且习称为折扇纹，但此时的折扇纹头部呈尖形，与后期的平头状不同。

1. 细线划花

少量的细线划花装饰。题材主要是各种简化的花卉与直条纹，线条较为杂乱无力。简化花卉一般见于碗、盘类大口较小型器物的内底，直条纹则见于碗类器物的外腹部 (图3-216)。

碗、盘类器物内底的简化花卉装饰与第一类型基本一致：中心为细线划的简化花卉，外圈为四片简化的叶片 (参见图3-178)，也有作成简化花卉的 (图3-217)。

2. 粗刻花

数量不多。一般仅用粗线刻一个轮廓，题材亦较为简单，主要是简化的莲瓣纹 (图3-218)、蕉叶纹等 (图3-219)。数量略多的是碗类器物的外腹直条纹，多用单面斜坡技法刻出 (图3-220)。

3. 花口与瓜棱腹

数量不多，主要见于碗、盘、盏类器物上，做法基本相似。口沿作多个小的缺口形成花口形，与花口相对的腹部从外向内压印浅痕一道，形成瓜棱腹。花口与瓜棱腹不相连，也有压印较深而相连的。

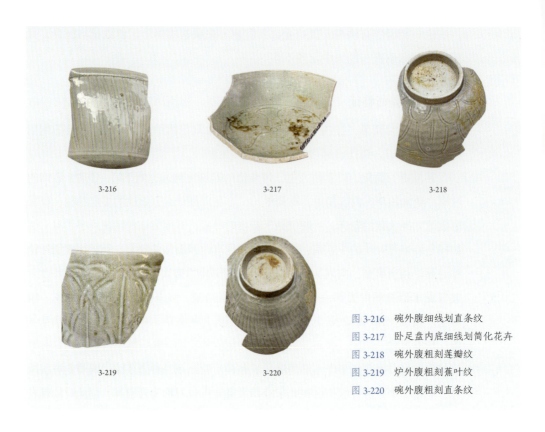

图 3-216 碗外腹细线划直条纹

图 3-217 卧足盘内底细线划简化花卉

图 3-218 碗外腹粗刻莲瓣纹

图 3-219 炉外腹粗刻蕉叶纹

图 3-220 碗外腹粗刻直条纹

（三）胎釉特征与成型工艺

1. 胎釉特征

这一类型的胎色总体上仍旧较浅而近灰白色，但许多器物明显胎色较深而近青灰色（图3-221），胎质仍旧较细而坚硬。

釉色多数仍旧较浅，但出现较多青灰色釉（图3-222），且釉面干涩，普遍不如第一类型光洁莹润。

外底不施釉，部分外腹施釉不及底（图3-223）。

2. 成型工艺

与第一类型相同，均为拉坯成型工艺，只是部分器物的工艺更粗。

（四）装烧工艺

这一时期的窑具包括匣钵、垫具与支烧具。

3-221

3-222

3-223

3-224

3-225

3-226

3-227

图 3-221　青灰色胎
图 3-222　青灰色釉
图 3-223　施釉不及底
图 3-224　陶质垫饼
图 3-225　单件装烧碗外底垫饼
图 3-226　单件装烧盘外底垫饼
图 3-227　叠烧斗笠碗

　　匣钵与支烧具和第一类型相似，变化一是窑具数量明显减少，二是垫具从瓷质垫圈演变成泥质垫饼（图3-224）。

　　装烧上有单件器物放匣钵中装烧的，器物与匣钵之间使用泥质垫饼垫烧（图3-225、图3-226）。碗、盘类器物使用M形匣钵，且质量均较佳。但这一类型更普遍使用的是叠烧。碗、盘类大口器物普遍使用叠烧工艺（图3-227），器物之间使用泥点间隔，泥点痕较长，部分连成一片（参见图3-222、图3-223）。叠烧器物的外底泥点痕不位于圈足内而在圈足上。

小　结

北宋时期最早的龙泉窑产品一般称为淡青釉瓷器，是龙泉窑早期产品的特定称谓，目前发现的窑址均集中在金村地区，代表了龙泉窑成序列、成规模的出现，是龙泉窑的开端。其基本特征如下：

① 主要器形有碗、盘、盒、盂、执壶、罐、盏、盏托、钵、五管灯、斗笠碗、熏、盘口壶、五管瓶等。整体造型上胎体较厚重，尤其是底部与圈足。圈足多较粗矮，足壁较直，足端较为方平，缺少越窑常见的足端较圆而外撇的纤细圈足。

② 胎色灰白，胎质细腻坚致，气孔较少，吸水率低。釉色青白，薄而透明，施釉均匀，玻璃质感强。既有满釉产品，也有施釉不及底产品。釉呈淡青色，积釉厚处则泛湖绿色。釉面光洁莹润，部分略泛黄的器物有象牙质感。

③ 流行纹饰装饰，装饰较为复杂。有细划花、粗刻花、堆塑、镂孔等技法，以刻花技法最为流行。除轮廓线外，还使用各种地纹以衬托主体纹饰。一般见于碗、盘类大口器物的内底或内外腹部，执壶、盘口壶、五管瓶类小口器物的外腹部，盏托类宽沿器物的沿面上。整体上内容繁密、布局严谨。细划花与粗刻花结合使用，划花的纹饰主要是花卉、云气等，海涛纹亦有一定的数量，线条较为流畅。花卉纹饰除沿用团花与缠枝两种布局外，出现大量简化的纹饰。刻花一般用单侧斜坡状的阴线刻划外轮廓线，内填以极细的茎络纹，整体纹饰清晰，线条明快。花卉纹饰有牡丹、莲瓣、蕉叶以及缠枝花卉等。牡丹作盛开的造型，构图多类似于团花状，花瓣左右对称，近圆形多个布局。莲瓣、蕉叶纹阴线刻划，中心略凸起，造型较瘦长。

④ 制作基本为拉坯成型，器形规整。执壶的把、耳、流，多管瓶的管、花边等为单独制作后拼接而成，或为手制，也有模制。

⑤ 装烧上包括满釉垫圈单件匣钵垫烧、满釉多件直接叠烧、半釉多件直接叠烧（此处半釉为外腹施釉不及底）、满釉与半釉多件混合直接叠烧、半釉直接叠烧与满釉垫圈直接叠烧的混合叠烧等多种形式。窑具包括匣钵、垫圈、垫饼与支烧具。匣钵以M形为主，少量为筒形，前者一般较浅，后者则多较深。多件叠烧的器物之间使用短泥条间隔。垫圈多作矮圈形，亦有作"山"字形的，一般用于满釉器物的底与匣钵之间。垫饼呈细陶质，一般用于外底不施

3-228   3-229   3-230

图 3-228　不同类型器物叠烧
图 3-229　不同类型器物叠烧
图 3-230　不同类型器物叠烧

　　釉器物的底与匣钵之间。支烧具多为矮喇叭形，从粘结的情况来看，主要用于直接叠烧的器物。

　　淡青釉瓷器可分成两个类型。第一类型胎釉质量普遍较高，以满釉为主，垫圈匣钵垫烧，装饰繁缛细腻，釉色青绿莹润；第二类型则质量明显下降，施釉不及底为主，满釉器物极少见，垫饼垫烧或明火裸烧，釉色浑浊而干枯，装饰少而粗率。这两类器物从逻辑上说应该代表了淡青釉瓷器发展的两个不同阶段，但目前没有地层学上的证据，仅是依据类型学做出的判定。从窑址采集的标本来看，第二类型器物亦有与第一类型满釉器物混合叠烧的现象（图3-228~图3-230），且这类混合叠烧器物中的第二类型青瓷质量亦较高，说明这两类器物有同时烧造的。目前比较合理的认识是两个类型代表了两个不同的发展阶段，第一阶段以第一类型为主，兼烧第二类型的部分器物，质量均较高；第二阶段仅烧造第二类型的器物，质量总体下降。

　　淡青釉瓷器的发展有一个逐渐衰落的过程，北宋晚期代之以一批釉色青绿的翠青釉瓷器，其面貌与北宋中期的淡青釉瓷器发生了极大的变化：器形从以碗、盘、盒、盂、执壶、罐、盏、盏托、钵、五管灯、熏、盘口壶、五管瓶等为主转变为以碗、盘、碟、执壶、五管灯、盒等为主，部分器形如执壶、盘等发生较大变化；胎色变深，从以白胎为主变成以灰白胎为主；釉由浅颜色的淡青转变成青绿色，由干涩转向莹润；纹饰从刻划花转向粗刻花填以篦划纹、篦点纹等作为地纹，题材从牡丹为主转向菊花为主。但两者又有相当的延续性：主要的器形如碗、碗、盘、盒、五管灯、五管瓶等均得到延续，尤其是颇具本地特色的五管瓶类器物在这一时期得到较大的发展；胎体均较为厚重；装烧上使用垫饼加 M 形匣钵的方法在淡青釉阶段的晚期即已出现，应该是本地装烧技术的延续。

总体上看，北宋晚期的翠青釉瓷器在金村地区一直延续到南宋早期，在装饰上有一个逐渐简化的过程。此类产品在北宋晚期开始传播到大窑地区，在北宋末南宋初扩散到石隆、溪口与龙泉东区，从而迎来龙泉窑的大发展时期。部分产品胎釉质量极高、装饰华丽、器形端庄，符合文献记载的"制样须索"的特征。北宋晚期的翠青釉瓷器是龙泉窑从地方性窑口成为全国性大窑场、产品从仅限于地方使用到成为宫廷用瓷的重要标志。

第四章

龙泉窑淡青釉瓷器
窑业技术来源及其
时代

北宋时期的龙泉窑与越窑有着密切的关系，因此在谈论其来源时，不可避免地要理清晰越窑在北宋时期的发展轨迹。

一 北宋时期越窑的发展轨迹

越窑青瓷在晚唐五代时期以秘色瓷为代表，迎来了其发展的顶峰，而随着吴越国的灭亡，这一青瓷产品亦逐渐走向衰亡。其北宋时期的发展，大致可划分成早、中、晚三个大期。

（一）北宋早期

由于吴越国在978年才纳土归宋，因此北宋早期的越窑包括吴越国晚期与北宋早期偏晚两个阶段。秘色瓷的出现和发展当与钱氏吴越国政权密切相关，因此吴越国的灭亡可作为越窑由盛转衰的一个标志性事件。北宋早期应该是越窑发展第二大高峰的尾声阶段，尤其是吴越国灭亡后的北宋时期。

从产品种类上看，这一时期主要有碗、盘、盒、盂、执壶、罐、盏、盏托、套盒、钵、熏等，部分器形发生较大变化。主要表现在下面几种器物上：

碗主要包括侈口深弧腹碗（图4-1）、敞口深弧腹碗（图4-2）、敞口斜直腹碗（斗笠碗）（图4-3）、直口深弧腹碗（图4-4）四种类型。新出现的直口深弧腹碗，器形与晚期的盖碗接近，因是窑址所出，不能确定是否带盖。均为矮圈足，圈足壁较直而薄，以敞口深弧腹为主。流行花口与瓜棱腹装饰，器物的内底与内

4-1 4-2 4-3

4-4 4-5 4-6

腹部常见有各类细线划花图案，主要是各种花卉与禽鸟，如缠枝花、简化花卉、凤凰、鹦鹉、孔雀、白鹭、鸿雁等。外底常见有单字款。

  新出现夹层碗，上层腹较深，几乎与下底粘结在一起。也有底部不见孔而一侧带小孔的。碗内常见细线划花纹饰。

  盘包括圈足盘、卧足盘与平底盘三种，主要器形有敞口浅弧腹圈足盘（图4-5）、敞口浅弧腹卧足盘、侈口浅弧腹圈足盘、侈口浅弧腹平底盘等。装饰与碗基本一致。流行花口、瓜棱腹以及各种细线划花，外底见单字款。有一类盘内腹与底常划出荷叶茎络，而中心为一只小龟，称荷叶龟心盘。

  盏多作敞口深弧腹（图4-6）、直口深弧腹或侈口深弧腹，细圈足外撇，器形较小。也有花口盏。

  盏托沿用五代时期高内圈作托柱的做法（图4-7），但亦有无托柱的浅折腹形与矮托柱的做法。带托柱的均由托柱、托盘与圈足三部分分段拼接而成，外底有一个大的圆形镂孔，

图 4-1 侈口深弧腹碗
图 4-2 敞口深弧腹碗
图 4-3 敞口斜弧腹碗
图 4-4 直口深弧腹碗
图 4-5 敞口圈足盘
图 4-6 盏
图 4-7 盏托
图 4-8 盒子
图 4-9 套盒
图 4-10 钵
图 4-11 盆
图 4-12 洗

4-7   4-8   4-9

4-10   4-11   4-12

托柱、托面与盘的宽折沿上常见细线划花。

执壶是这一时期的主要器形。以大喇叭口长颈执壶为主，大喇叭形敞口，长颈，圆肩，深弧腹，矮圈足。长弧形流，曲扁泥条形柄。另有直口带盖壶，直口，短颈，圆肩，圆鼓腹，矮圈足。盖纽作宝珠形。腹部及盖面常见有各种细线划花装饰，题材以花卉为主，亦有仙人等。

盒子为主要器形之一。大小不一，器腹普遍较矮。盒身多作子口、矮圈足，盒盖作浅弧盖面、直腹、母口，盖面与器身常见有细线划花装饰（图4-8）。亦有作菱花形器身的。

套盒为浅弧盘，深高圈足，作四方倭角形。内腹及器身常有繁缛的细线划花纹，器身还有减地浅浮雕的龙凤纹。题材以花卉为主，常见龙凤与禽鸟等（图4-9）。

钵作厚唇或折敛口（图4-10），深弧腹，卧足形，内腹常装饰有细线划花。

盆为敞口，浅弧腹，卧足为主。内腹及内底常见有细线划花纹饰，内底常见凤凰与鹦鹉纹等（图4-11）。

洗为宽沿，敞口，浅弧腹，大平底，卧足或圈足（图4-12）。

图 4-13 炉

图 4-14 北宋早期越窑纹饰

炉为大敞口，深直腹，粗大圈足。外腹常见有细线划花纹饰 (图 4-13)。

另外还有渣斗、灯盏、五管灯、净瓶、盘口壶、罐、水盂等器类。

胎釉与五代时期接近，胎色青灰，釉色以青绿或天青为主。

流行复杂的纹饰装饰，多位于大口类器物如碗、盘、钵、盆等的内腹、内底或内外腹，小口类器物如执壶等的外腹，以及器盖的盖面、唾壶与盏托等宽沿器物的沿面等 (图 4-14)。以细划花为主，纹饰纤细工整，线条清晰有力，细巧而不失力度，刚柔结合。后段在部分器物的外腹出现凸莲瓣纹与凸蕉叶纹，叶瓣均较宽短而有力，刻划的刀法洗练、遒劲有力，外轮廓线粗而清晰，蕉叶内常见填以细的茎络状纹理，而莲瓣内则为素面，在碗类器物内底则以多个小重圈纹构成莲蓬状组合出现。细划花的题材主要是花卉与禽鸟，有凤凰、白鹭、孔雀、鸿雁、鹦鹉、蝴蝶、鸳鸯、缠枝花卉、莲荷等，顶级的窑场中还有龙纹。飞鸟类多成对出现，凤凰、孔雀、鹦鹉呈首尾相接成盘曲状，回首顾盼凝视，眉目含情，双翅微张作欲迎还羞状，长尾飘逸灵动；鸿雁与蝴蝶则相对出现，蝴蝶几乎完全对称，鸿雁则引颈对视，两者均作振翅疾飞状；鸳鸯多与荷叶共同出现，一般四张侧视荷叶对称构图，叶面茎络清晰，荷茎相连，四叶中心单只鸳鸯作昂首张翅雀跃状，也有在盖面等位置多只出现的，造型基本与单只的一致；白鹭多在器物外腹作三个等距分布，张翅振飞，引吭高歌，细长腿后掠；龙则多作团龙形，龙首在中部，圆眼外凸，一对锐角高耸，张嘴长舌外卷，三爪长而尖锐，威严但不失柔和。花卉则多为缠枝牡丹花，也有莲荷。缠枝牡丹一种是呈多团花状布局，另外一种是连续布局。海涛纹出现，一种是纯海涛纹，见于器物的内底及钵类中型器物的肩部；另外一种是与龙结合，团龙几乎仅剩龙首，隐藏在汹涌的海浪中。镂空装饰极少，一些大型熏类器物的盖作镂空的缠枝花卉状，更多是兼具实用功能而非限于装饰性。极少量的执壶类器物上有人物故事题材的装饰。总体上看，所有的纹饰均动感十足，张力外扬，禽鸟类多作振翅欲动状，花卉类则茎枝蜿蜒盘曲，线条遒劲有力。

无论是器形还是纹饰，均与金银器关系密切。除沿袭五代时期对金银器造型的仿制外，在细节及装饰上亦模仿得惟妙惟肖，如对蝶纹、凤凰纹、团花等纹饰几乎与金银器上的如出一辙，而盏、盒、壶、唾壶等造型亦与金银器几乎一致。这一时期是越窑青瓷与金银器关系极密切的时期。

高档越窑青瓷发现于顶级的墓葬中，重要的有北宋元德李后陵[①]、辽祖陵[②]、辽韩佚墓[③]、阜新关山辽墓[④]、辽陈国公主墓[⑤]等。这些墓葬中出土的越窑青瓷不仅器形硕大、胎釉质量特别精美，而且有一些特殊的器形，如套盒以及龙凤等装饰仅见于此类墓葬中，代表了越窑青瓷的最高制作水平。

制作中心仍在以上林湖为中心的慈溪地区，窑址数量与规模庞大，分布密集。分布上的一个重大变化，是生产高质量产品的窑址开始扩展到上林湖以外的上虞窑寺前地区，但数量并不多，仅发现数处。质量总体属于上乘，造型、胎、釉、装饰等与上林湖核心地区几乎完全一致，仅在细部上略有差异，在艺术造诣上不如上林湖地区炉火纯青而略显生硬。

装烧上较唐五代发生重大的变化，窑具主要是各种匣钵 (图4-15) 与垫圈 (图4-16)，喇叭形的支烧具使用较少。匣钵中筒形较少，一般仅用于较高大的执壶类器物或多件叠烧器物；流行M形匣钵，匣钵的深浅因器物的高矮而异。一般一匣一器，器物与匣钵之间使用的垫具多为呈环形的垫圈，器物的垫烧从圈足几乎完全移至外底部 (图4-17)，垫圈与器物之间使用长泥点防止粘连 (图4-18)。部分匣钵内侧施釉，以防止落砂等现象发生。早期夹细砂的

① 河南省文物研究所、巩县文物保管所：《宋太宗元德李后陵发掘报告》，《华夏考古》1988年第3期；河南省文物考古研究所：《北宋皇陵》，中州古籍出版社，1997年。
② 中国社会科学院考古研究所内蒙古第二工作队、内蒙古文物考古研究所：《内蒙古巴林左旗辽代祖陵考古发掘的新收获》，《考古》2008年第2期。
③ 北京市文物工作队：《辽韩佚墓发掘报告》，《考古学报》1984年第3期。
④ 万雄飞：《辽宁阜新关山辽墓出土瓷器的窑口与年代》，《边疆考古研究（第8辑）》，科学出版社，2009年。
⑤ 内蒙古文物考古研究所：《辽陈国公主驸马合葬墓发掘简报》，《文物》1987年第11期。

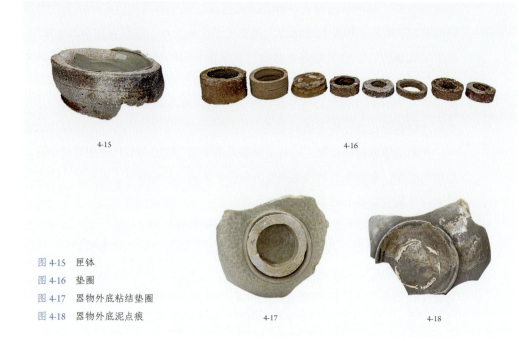

图 4-15　匣钵

图 4-16　垫圈

图 4-17　器物外底粘结垫圈

图 4-18　器物外底泥点痕

4-15

4-16

4-17

4-18

细陶质或瓷质匣钵在这一时期仍然存在，但胎质较五代时期明显变粗，不仅内腹施釉，且用釉封口。[6]

（二）北宋中期

本期是越窑由盛转衰的时期，前段胎釉质量虽已明显不如北宋早期，但仍不失为青瓷中的精品。主要器形沿袭北宋早期，以碗、盘、盒、盂、执壶、罐、盏、盏托、钵等为主，除新出现五管灯、斗笠碗等器形外，执壶、夹层碗、盏与盏托、熏、盒等器物的比例明显增加。部分器物器形变化较大。

碗类器物除侈口（图4-19）与敞口（图4-20）矮圈足碗外，流行斗笠碗。斗笠碗敞口，近斜直腹略弧，小圈底，矮圈足，内底常见有花卉、摩羯等纹饰。花

---

[6]　从近年的考古新材料来看，目前对于窑址的分期过于简单化，实际上许多窑口可能是几个类型多线同时发展的，如龙泉窑除大窑类型这一主线外，至少存在着金村与东区两条线的发展，产品有粗精之别。越窑可能也存在这一现象，除精致的产品类型外，同时还有一路较为粗率的产品。如荷花芯窑址发掘出土的北宋时期产品普遍较粗，直接明火叠烧，仅少量器物用垫圈和匣钵装烧，胎釉质量较高。因此，我们目前的分期以及对各时期的产品总结集中在高质量这一个类型上是不全面的，这是以后分期中应着重解决的问题，即需要在分类型的基础上再进行分期。本章有关越窑的发展，仍然是以其精品类型的脉络进行梳理。

4-19　　　　　　　　　　　　4-20　　　　　　　　　　　　4-21

4-22　　　　　　　　　　　　4-23

口碗除口沿略带凹缺的做法外，亦出现弧形凸起的形式。

盘类器物流行敞口（图4-21）、浅弧腹、圈足外撇，出现器形与纹饰固定的组合，如荷叶龟心盘。

北宋早期的圆鼓腹带盖执壶在这一时期仍见，但腹部较前一期更加瘦长，数量亦有所减少，主要流行深鼓腹壶。出现出筋执壶，大喇叭形敞口、细长颈、圆肩、深弧腹、平底、矮圈足。肩部的流细长而弧曲，与流相对的宽泥条形柄拱曲，两侧或设有耳，耳面通常模印有纹饰。腹部装饰细划花或粗刻花。出现所谓屏风式布局，即在出筋壶上装饰花卉，以一道出筋线为轴对称布局团花（图4-22）。

夹层碗的器形基本固定，上层浅坦腹，外腹较直而略弧收，底平而中心有圆形镂孔，孔径一般较大（图4-23）。内底与外腹一般有纹饰，内底多作细线划花、外腹多为粗刻花装饰。

五管灯不限于五管，一般外圈有五管，加中心一管共计六管，也有七管者。灯管常作仿生的莲花与花苞形，底部一侧有孔与盆形灯盘相通。外腹多作莲瓣状粗刻花装饰，部分器物内腹堆贴有龟背带"王"字的小龟。

图 4-24　盏
图 4-25　盏托
图 4-26　盒盖
图 4-27　炉

盏流行直口深腹，亦有花口形，细圈足外撇较甚（图4-24）。

盏托内圈的高圈形做法极其少见，代之以覆浅圈足形为主，托面下凹较浅，托柱的外圈多饰以莲瓣形纹，盘部则多作宽沿的折腹盘形，圈足高矮不一（图4-25）。

盒器形相当丰富（图4-26），仿生流行，常做成瓜果形状，尤其是盖及纽，亦出现多个连体的造型。

炉的造型除沿用早期带镂孔盖的盆形或盒形，亦出现大量多层结构熏的形态：上层为喇叭口或直口的倒钟形，中层为栏杆形的护栏，下层则为多层台阶状的高圈足，到晚段也有简化成上下两部分的（图4-27）。

胎釉变化极大，无论是胎还是釉均不甚稳定。胎除青灰色外，还有灰白、土黄、浅灰等颜色，并且越到后段胎色变化越大、胎质越粗、出现大量气孔等废品的比例也越高，说明在胎的处理上已远远不及之前越窑的发展高峰期。

釉色中天青釉的比例极低，开始变深泛灰、泛黄，尤其是后段，几乎不见莹润的釉面，青灰、青黄色釉死气沉沉，质感不强。前段基本为满釉，后段出现外腹施釉不及底的现象。

装饰较为复杂，除沿用前一时期大量流行的细划花外，出现大量的刻花、堆塑、镂孔以及少量的印花等技法，以刻花技法及纹饰最为流行。

细划花题材主要是花卉纹，海涛纹的数量亦不在少数，此外还有少量的禽鸟等纹饰。总体上看，这一时期的细划花呈衰落的趋势，线条细且不流畅。花卉纹饰除沿用团花与缠枝两种布局外，出现大量简化的纹饰。不仅造型简单，而且技法粗率，但使用的广度仍旧较大，几乎涉及所有的器物种类。海涛纹在器物的内腹常与摩羯等纹饰组合出现。禽鸟纹较少，可见的主要有鹦鹉与蝴蝶等少数几种。鹦鹉极其简化，形态呆滞；蝴蝶出现侧视状。

刻花大量流行，题材主要是各种花卉纹饰，其次是摩羯与海涛纹，有少量的禽鸟、人物等，基本与细划花近似。刻花一般用单侧斜坡状的阴线刻划外轮廓线，内填以极细的茎络纹，整体纹饰清晰，线条明快，主体花卉之间填以绿叶。前段粗刻划线的轮廓内常填以细的茎络状纹理，后段则明显更加草率，不仅花瓣片纹交代不清，内部的细填线纹亦不再使用。花卉纹饰有牡丹、莲瓣、蕉叶以及缠枝花卉等。牡丹作盛开的造型，构图多类似于团花状，花瓣左右对称，近圆形多个布局。莲瓣纹早期凸起的半浮雕状做法基本消失，代之以线刻划的纹饰，造型较前期更加瘦长，外腹带莲瓣纹的碗内腹仍有由多个重圈纹构成的莲蓬状纹饰，但也出现仅内腹为莲蓬而外腹不见莲瓣纹的做法。蕉叶与莲瓣纹一致，造型拉长，并出现中心呈茎络状凸起的做法。禽鸟有孔雀、鹦鹉、雁、仙鹤等，一般作花间飞翔状。鸟的比例不甚协调，鹦鹉的头甚至大于身子，大有头重脚轻之感；而孔雀亦相貌丑陋，很少见有祥和、端庄的形象。

有少量的印花，为凸起的阳纹，多见于粉盒盖面、执壶的耳面上。粉盒盖面上的纹饰内容与刻划纹基本一致；耳面上的纹饰有花卉、兽首等，并常带有可能是姓氏的文字。

后段的刻划花明显更加草率，仅刻划较粗放的轮廓，而轮廓中间增加质感的填以细线做法基本不再用，图案的轮廓亦不甚明了。

装烧工艺上，前段仍流行匣钵装烧，主要是M形匣钵，也有少量筒形匣钵。一般一匣一器，器物外底用垫圈与匣钵分开，垫圈与器物之间、垫圈与匣钵之间均使用长的泥条间隔。但亦有匣钵内多件叠烧的现象，器物之间直接使用泥条间隔而不使用间隔具。后段逐渐不再使用匣钵而直接用明火叠烧，底部用较高大的喇叭形支烧具支烧。在一些窑址中不见匣钵而完全使用明火叠烧。

这一时期是越窑的大扩张时期。中心仍旧是上林湖窑场，但几乎扩张到了整个宁绍平原地区，除上虞的窑寺前与凌湖地区外，重要的还有宁波东钱湖窑场等。除宁绍平原传统的越窑分布区外，浙江其他的窑场亦开始烧造越窑系产品，如浙江台州地区的黄岩、路桥，金华婺州窑地区的东阳、义乌、武义、永康、兰溪，温州瓯窑地区的永嘉、瓯海、瑞安，龙泉窑地区的金村等。这些传统越窑产区外生产的越窑系产品，不仅在器形、装饰上几乎完全模仿越窑，而且装烧工艺亦十分接近。器物种类以碗、盘类为主，包括罐、熏、五管灯、盏、盏托、执壶、夹层碗、盒等。纹饰主要是各种花卉，有牡丹等。技法上细划花与粗刻花并存。胎釉呈色因各地胎土不同而略有区别，如温州地区胎土较浅、釉青中泛白，婺州窑地区胎土颜色较深、釉呈青灰色，龙泉窑釉色则淡青中泛乳白色。装烧上使用匣钵与垫圈组合，主要是M形匣钵，器物外底用垫圈垫烧、使用长泥条间隔。

（三）北宋晚期

这一时期的越窑已处于衰落阶段，胎质明显较粗而夹杂有细砂，釉色青黄，不见早期的天青色釉，釉面干枯，失去莹润的感觉（图4-28）。晚期前段的主要器形沿袭北宋中期，较为丰富多样，除大量的碗外，尚有盒、执壶、罐、盏、盏托、钵、五管灯、斗笠碗、夹层碗、熏、盒等；后段则以碗、盘、韩瓶类器物占绝大多数，除器类外，器形亦更为单一。

装饰上，晚期前段尚流行一定数量的刻划花装饰，但技法更加粗放草率。粗刻花仅用粗线条刻划器物的轮廓，不再以细腻的细线表现茎络等细部，布局更加杂乱而层次不明，主次不分（图4-29）。细划花则更为简化，多以细线表示大致的轮廓（图4-30）。晚期后段则基本不再使用纹饰装饰，多为素面。

装烧上前段仍使用匣钵，垫圈垫烧，除一匣一器外亦常见有一匣多器的现象，且同时出现使用明火直接叠烧的情况。后段则出现纯明火直接叠烧的窑址，釉色亦转向青灰色。

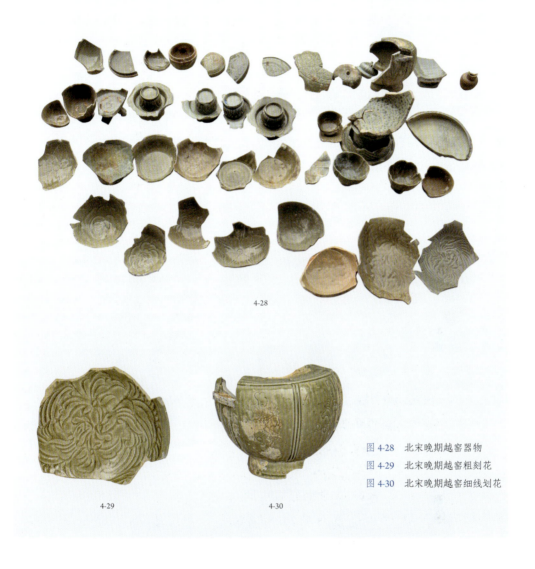

4-28

4-29   4-30

图 4-28　北宋晚期越窑器物
图 4-29　北宋晚期越窑粗刻花
图 4-30　北宋晚期越窑细线划花

二　龙泉窑淡青釉瓷器与北宋中期
越窑青瓷的比较

　　从以上越窑在北宋时期的基本发展轨迹来看，龙泉窑的淡青釉瓷器与北宋中期前后的越窑瓷器在器类、器形、装饰、装烧等方面均有非常大的相似性。

（一）器类与器形上的相似性

两者均有的器类包括碗、盘、罐、钵、五管灯、熏、盏、盏托、执壶、盒等，尤其是五管灯、熏等，为越窑北宋中晚期独具特色的器物，亦被龙泉窑所吸收（图4-31）。

从器形上看，碗包括敞口碗、侈口碗、斗笠碗、夹层碗等多种类型；盘包括圈足盘与卧足盘；盏则有花口盏（图4-32）与圆口盏；五管灯作盆形，内作五管，亦有七管；盒有圈足盒，也有卧足盒；盏托托圈均较矮；执壶出筋；夹层碗浅腹底带孔；熏作多层高足、大喇叭形的腹。以上器物的相似程度当在80%

4-31

4-32

图4-31　越窑与龙泉窑比较（左边越窑右边龙泉窑，各四列）
图4-32　越窑与龙泉窑花口盏比较（左边越窑右边龙泉窑）

以上，只是龙泉窑器物胎体略厚，尤其是底足与圈足，这也是龙泉窑以后的一贯传统。

如卧足的盘、斗笠碗、夹层碗、五管灯、熏等，无论器形、装饰还是制作上，都是越窑较为独具特色的器物，少见于其他的窑口，两者在这些器物上的高度相似性体现了关系的密切。

当然，龙泉窑在吸收越窑器形的基础上还创烧了一些新的器形，最主要的有五管瓶、盘口壶等。从目前的考古材料来看，五管瓶主要流行于龙泉窑，并且延续了很长时间。其发展序列清晰，从最初的圆肩上设置五管或多管，发展成多层级的瓶上设置五管，再演变成多层级的瓶身上堆塑龙虎而多管消失的所谓龙虎瓶。多管瓶序列的器物是龙泉窑两宋时期最具特色的器物之一。

盘口壶在越窑出现的时间相当早，若以成熟青瓷出现算起，则在东汉最早的成熟青瓷中即已出现，并在两晋时期迎来发展的鼎盛时期，是早期越窑最具特色的器物之一。到了唐及五代，盘口壶退居次要地位，数量急剧减少。到了北宋时期则几乎绝迹，目前所见较为明确的是上海博物馆所藏一件盘口壶，但其肩颈部带有四个大的桥形拱系的造型已与以盘口为主要特征的造型完全不同，原本辅助的特征几乎超过了主体特征。而在越窑中心区域的上林湖地区，据长期从事野外工作的谢纯龙先生介绍，至今未发现北宋的盘口壶。

龙泉窑的盘口壶，目前所知时代最早、保存最完整的大概是查田上墩墓葬出土的淡青釉瓷器了。该墓葬共发现三件淡青釉瓷器，除一件盘口壶外，还有一件执壶与一件五管瓶，这三件器物一般被认为是龙泉窑最早的典型产品。该盘口壶造型修长，盘口折棱清晰，细长颈，圆肩，修长腹，足端外撇。盖面与肩部均有花边形堆塑，肩颈之间有双桥形耳，肩部有细划花。此种长颈的风格依稀有越窑唐五代盘口壶的影子，但造型、装饰等已完全不同。

（二）装饰上的相似性

两者在装饰技法、题材、装饰部位等方面存在高度的相似性。

均流行刻划花装饰技法。粗刻花分成两种风格：一种是单侧斜坡状的阴线刻划外轮廓线，内填以极细的茎络纹，整体纹饰清晰，线条明快，主体花卉之间填以绿叶；另外一种仅以粗线条刻划。题材主要是各种花卉纹饰，其次是

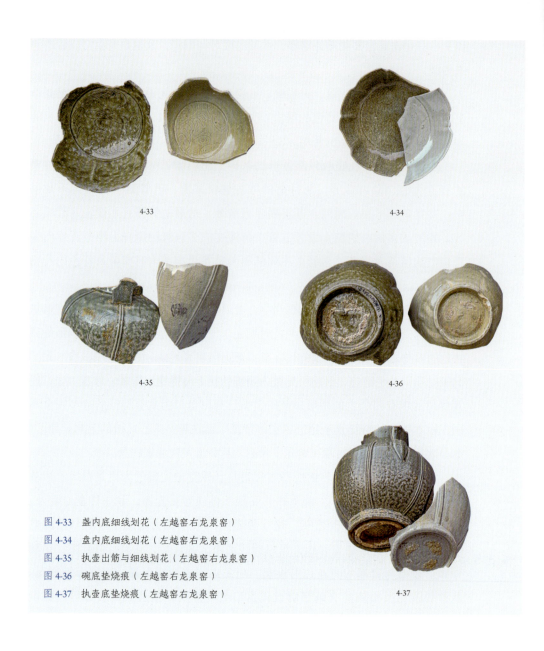

4-33

4-34

4-35

4-36

4-37

摩羯与海涛纹，少量的禽鸟、人物等。花卉纹饰有牡丹、莲瓣、蕉叶以及缠枝花卉等，除刻划的技法外，构图亦几乎完全相同。细划花装饰除简化的草叶纹外，更多的是呈云气状的纹饰。前者主要见于碗、盘类器物的内底（图4-33、图4-34），后者则多见于壶类器物的外腹部（图4-35）。

（三）装烧方法上的相似性

均有两种装烧方式，即匣钵装烧与明火裸烧。匣钵装烧又分为单件装烧与多件装烧。碗、盘类圆器使用M形匣钵，瓶、壶类琢器则使用平底匣钵。器物与匣钵之间使用垫圈垫烧，垫圈与器物之间有泥条间隔。叠烧的器物有施满釉，也有施半釉的，器物之间使用小泥点间隔（图4-36、图4-37）。明火裸烧的器物最底下使用低矮的喇叭形支烧具。越窑高端器物的匣钵使用釉封口，以达到完全密封的强还原效果，龙泉窑亦发现了少量此类匣钵标本。

（四）发展趋势上的相似性

北宋中期的越窑有一个明显衰落的趋势：胎质从细腻坚致变得更粗而疏松；釉色从青绿色变成青黄色，天青色的高端釉色逐渐消失，釉面由莹润饱满趋向干枯无光泽；以满釉为主演变成出现施釉不及底的现象；器类、器形均趋向于减少，许多大型、制作复杂的器物消失，以小型、制作简单的器物为主，同一器类多种器形的现象少见；装饰上从精细趋向草率，以粗线条为轮廓、细线刻划细部的多层次图案不见，代之以粗线刻划的层次不清图案，细划花则更加粗率潦草；装烧上从一匣一器到一匣多器，再到明火裸烧。

而龙泉窑的淡青釉瓷器亦可划分成前后两期，其发展的趋势与越窑相似，无论是器形、胎、釉、装饰、装烧等均存在一个不断衰落的趋势：器类与器形减少；大量器物施以半釉，以明火叠烧；装饰不仅草率，且有装饰的比例大量减少，内外满饰的现象不再见，多为单面装饰更简单的纹饰；出现垫饼垫烧的现象，这是此后龙泉窑最具特色也最为流行的垫烧方式。

因此，龙泉窑淡青釉瓷器与北宋中期前后的越窑瓷器具有高度的一致性。

三　龙泉窑淡青釉瓷器窑业技术来源问题

从金村淡青釉瓷器与越窑瓷器的比较来看，龙泉窑的主体应该来源于越窑，两者在器形、成型、装饰、装烧、窑具等方面具有高度一致性，淡青釉瓷器最有可能是越窑窑工到龙泉地区建窑烧造的，这与北宋中期前后越窑的大规模扩张有直接关系。此外，这一时期的龙泉窑虽具有大量的越窑因素，但釉色却与越窑几乎完全不同，应该是另有来源。

（一）越窑在北宋时期的大规模扩张及向龙泉传播的路线

越窑以五代前后最为兴盛，产品质量最高，这一过程上起于晚唐，下延至北宋早期。而从窑场的分布来看，北宋中期或早期偏晚阶段是越窑大规模向外扩张的时期，其从原来的中心区上林湖沿海边扩展到宁波东钱湖、台州黄岩沙埠、温州西山等地，而沿内陆则扩展到上虞的窑寺前与凌湖、东阳的歌山与葛府、武义的水碓周等地区，广布于浙江东、中与东南区域的瓯窑、婺州窑产区。

这些窑场生产规模庞大，产量高、质量佳，产品的器类、器形、成型、装饰、装烧、胎釉等与越窑十分接近，除某些地区因当地胎土与越窑有别而在胎釉上略有差异外，许多器物与越窑很难区别，被许多学者称为越窑系器物。

其中瓯江流域是窑业传播的最重要通道，也是越窑向龙泉传播的主要路线。在龙泉与温州之间的青田一带，我们发现了两种类型的窑址，分别属于越窑类型与早期龙泉窑类型。

越窑类型的窑址，产品包括碗、盘、碟、盏、盏托、执壶、盒、瓶等，均为越窑常见的器形，仅倒流壶等器物目前未见于越窑。而从器形上看，碗包括敞口碗、侈口碗、花口碗、斗笠碗等，盏亦有花口与圆口之分，执壶出筋，为越窑主要的造型。装饰主要是细划花，题材相对较为单一，主要是花卉，亦为越窑常见。胎色泛灰，釉色青黄或青灰色，其呈色与质感与越窑北宋中晚期产品极为接近，几乎难以区分。使用M形匣钵装烧，垫圈支垫，亦有目前仅见于越窑遗址中的"山"字形垫圈。时代在北宋中期前后。

另外一类窑址，从采集的标本来看，产品主要为碗、盘、碟、小洗类器物，从器盖的存在看应该有罐类琢器。胎呈灰白，胎质较细，釉色青黄。造型上总体较厚重，尤其是底部较厚实。流行刻划装饰，碗、盘类大口器形为内腹或内外腹均有，以粗线条结合篦划纹刻划花卉，风格较为粗放。该窑址的产品类型、器形、胎釉特征、装饰等与龙泉窑两宋之际的产品几近一致。

从两类窑址在青田地区共存的情况来看，这里是窑业技术交流的一个重要通道。

（二）北宋早中期影响龙泉窑的其他因素

北宋中期前后的龙泉窑，其器形、装饰、装烧等与越窑非常接近，然而在胎釉特征上，两者差别却比较大。越窑的胎普遍较深，为灰胎，龙泉窑则主要为灰白色的胎。釉的呈色上，越窑主要是青黄色的釉，龙泉窑则是习称的淡青釉，这种釉是传统的玻璃薄釉，釉色青中泛白，部分器物青中泛绿，尤其是积釉较厚处近乎湖绿色。

这种淡青釉瓷器传统上认为是受瓯窑的影响而出现的。温州地区传统上主要是瓯窑分布区，而台州地区的窑业与之面貌接近。无论是温州还是台州地区，均是越窑向龙泉地区扩张传播的必经之地，尤其是温州地区，窑业主要分布于瓯江口，是窑业交流的最重要通道。

两宋时期的瓯窑与越窑系非常接近。时代主要为北宋时期，部分窑址延及南宋。温州地区北宋时期的越窑系青瓷（瓯窑）主要集中在永嘉的乌牛溪、温州西郊的西山、瑞安西郊的外三甲与窑山一带，而台州地区则主要集中在梅浦。

乌牛溪窑址群位于龙下窑址群的东北边，这里是瓯江另外一支流乌牛溪的上游地区，地势同样比较高峻，但在乌牛溪上游的乌牛镇一带形成一个较为开阔的小盆地，窑址即分布于盆地四周。这里东北与乐清接壤，因此部分窑址已在乐清地界。共有窑址近10处，以北宋时期窑址为主，少量为晚唐与五代时期。北宋早中期的窑址产品质量较高，普遍使用匣钵装烧，器物与匣钵之间用垫圈间隔；北宋晚期的部分窑址可能延续到了南宋早期，产品质量比较差，器形单一，基本为明火裸烧。

西山窑址位于温州西郊的西山脚上，由正和堂、护国岭、小山耳、龙王山等多处窑址组成，时代主要是北宋早中期。产品质量普遍较高，以细线划花与粗刻划花为装饰技法，装烧上普遍使用匣钵与垫圈（图4-38、图4-39）。

4-38　　　　　　　　　　　　　　　　　　　　　　4-39

图 4-38　温州正和堂窑址的标本与窑具
图 4-39　M 形匣钵与垫圈

瑞安的窑址主要有市区西部的外三甲与窑山两处窑址群，规模比较大，时代主要集中在北宋早中期。质量较佳，装烧上普遍使用匣钵与垫圈。

永嘉岩头的楠溪江中游一带，集中了一批北宋晚期至南宋时期的窑址，包括下王坟、龙抢珠山、窑山、馒头山、下坑山诸窑址。窑业面貌基本一致，不使用匣钵，仅有少量的支烧具，产品主要是韩瓶与碗，叠烧，施釉不及底，质量不佳。

台州地区的越窑系青瓷窑址主要以临海的梅浦为中心，集中分布着一批北宋中期前后的窑址，包括许墅、凤凰山等窑址；而黄岩的沙埠窑址群在北宋中期前后为越窑系青瓷，北宋晚期则为龙泉窑系青瓷所取代，其装烧方式与越窑近似，亦使用M形匣钵与垫圈。

这一区域的窑址产品种类极为丰富，主要有各种类型的碗、盘、盏与盏托、罐、执壶、盒、炉、灯盏、盂、碾槽与碾轮、多管灯、瓶等。

胎釉质量较高，胎色灰白，胎质较细腻坚致，杂质与砂粒均较少。施釉均匀，釉色较浅，普遍泛白，但部分高质量的器物呈浅青绿色，薄而透明，玻璃质感较强，釉面匀净。叠烧的碗类器物多施半釉，单件烧的器物则多施满釉。

北宋早期流行细划花装饰（图4-40），主要见于碗、盘、钵等大口器物的内腹部，执壶、盂、炉等深腹小口器物的外腹部，题材主要是各种缠枝花卉，亦有少量的折枝花，禽鸟类题材少见，部分器物的外腹部流行粗刻的莲瓣纹。到了北宋中期前后，除细线划花与刻划的莲瓣纹继续流行外，开始出现较多的粗刻花技法，题材主要是牡丹花、莲瓣纹、折枝花与鸟纹。同时这一时期质量开始有所下降：胎质较粗而疏松，胎色变深；釉色均转深，釉面干涩，玻璃质感不强；纹饰转向草率而粗放。此外，在装饰上，碗类大口的器物普遍流行花口做法，执壶等小口鼓腹的器物则多作瓜棱形腹。

装烧工艺上，北宋早中期瓯窑较为兴盛时存在两种装烧方式：明火裸烧与匣钵装烧。匣钵装烧的主要是质量较高的一批器物，一般一匣一器，匣钵以M形为主，亦有钵形与筒形，前者主要用于装烧碗、盘类浅腹器物，后者主要用

图4-40　北宋瓯窑青瓷划花粉盒

于壶、罐类深腹器物。匣钵与器物之间使用垫圈垫烧，垫圈与器物、匣钵之间均使用泥点间隔。垫圈均垫于器物的圈足内。明火裸烧的主要是各种大口半釉碗，叠烧，碗与碗之间使用泥点间隔，泥点一改唐代的松子状而变成长条形。仍有喇叭形支烧具存在，器形较矮，主要用于碗类叠烧器物的支烧。

北宋晚期至南宋时期，瓯窑迅速衰落，器物种类大为减少，以碗、韩瓶等为主，有少量的罐、执壶类器物。胎质较疏松，并夹杂有较多的粗砂粒。釉色泛白，釉层薄，釉面干涩，玻璃质感普遍不强。基本不见装饰，但在部分窑址出现了褐彩，主要位于执壶、罐等器物的外腹部以及盆类大口器物的内腹部，纹饰均较为简单，多一笔画成。窑具仅有筒形支烧具，未见匣钵，均为明火裸烧。普遍使用叠烧工艺，器物之间使用泥点间隔，韩瓶类器物亦见有叠烧现象。

无论是北宋还是南宋时期，均为拉坯成型。

北宋晚期传统瓯窑衰落后，该地区窑业逐渐被龙泉窑、青白瓷与青花瓷窑所取代。

瓯窑的最重要特征就是浅青色釉，在东汉时已初露端倪，东晋南朝时已形成风格，唐宋时期面貌基本沿袭一致（图4-41、图4-42）。此种釉整体以青色调为主，青中泛黄，与龙泉窑的青中泛湖绿色有较大的差别。瓯窑这种呈色是由于胎色较浅所造成的，是受制于地方材料所形成的一种地方特色。从瓯窑整个发展历史上对越窑亦步亦趋几近完全的模仿，以及唐宋时期以越窑之青为美的审美情趣来看，瓯窑的浅青釉完全是由当地的资源条件所决定的。

整个北宋时期的瓯窑，无论是在器形、装饰还是装烧工艺上，均与越窑有

图 4-41　唐代瓯窑青瓷褐彩水盂　　　　　图 4-42　北宋瓯窑小口瓶

图 4-43　北宋晚期湖田窑青白瓷

　　着紧密的联系，最大的差别是釉色较浅而呈浅青色。这与龙泉窑淡青釉和越窑的联系基本一致，只是龙泉窑淡青釉瓷器胎更白、釉色更深。越窑在向龙泉地区传播时，吸收了重要中转区的窑业技术与文化审美也是可能的。

　　龙泉窑淡青釉瓷器在审美上可能有来自瓯窑的文化因素，但此种淡青釉在呈色上几乎与青白瓷一致，而与瓯窑的浅青釉差别较大。在整个中国，淡青釉瓷器以湖田窑为最胜，尤其在两宋之际越窑衰落、龙泉窑兴起之前，南方地区湖田窑一枝独秀（图4-43），产品流布大半个中国，并远销海外。除产品以外，其窑业亦辐射至包括浙江、安徽、福建等省在内的整个东南地区。从浙江地区来看，两宋时期的青白瓷窑业分布于温州、衢州等浙江的西、南部地区，在江山的碗窑及泰顺的玉塔、下革一带形成了规模化生产的窑址群，部分窑址的产品质量相当高超。甚至在大窑地区，我们亦发现了生产青白瓷的窑址。在湖田窑青白瓷窑业席卷而来并深入龙泉的情况下，龙泉窑不可能对其视而不见，很可能在胎釉的呈色上借鉴了湖田窑的技术。

　　因此，最早的龙泉窑，即淡青釉瓷器，其窑业技术的核心来自于越窑，但在审美上可能同时受到了瓯窑与湖田窑的影响。

四 龙泉窑淡青釉瓷器的年代

（一）北宋越窑分期的年代判定

1069年至1085年的王安石变法导致了北宋采购制度的变化，给越窑带来了致命的打击，是越窑转向衰亡的重要节点。因此王安石变法是划分北宋中晚期越窑的重要分界线，考虑到窑场的生产有一定的后延性，我们认为将这一时间点定在1080年前后比较合适。

北宋早期的越窑，以天青釉及精细的细划花、粗凸的莲瓣纹装饰为主要特征，广泛见于这一时期的高等级墓葬与佛塔地宫中，如苏州虎丘寺塔[⑦]、北京韩佚墓[⑧]、黄岩灵石寺塔[⑨]、宋太宗元德李后陵[⑩]、辽陈国公主墓[⑪]、辽祖陵[⑫]等。这批材料多有纪年，最晚的是辽陈国公主夫妇墓，为1018年。因此将北宋早期越窑的年代定在1020年前后，应该问题不大。

这样，北宋时期越窑三个期别的年代大致可以定在早期为960年至1020年，中期为1021年至1080年，晚期为1081年至1127年。

（二）淡青釉瓷器自身材料的年代判定

2013年金村的调查中出土一件纪年材料，是一件器物的盖，盖面刻划莲瓣纹，内填以细的划花纹，内外满釉，属于制作较为精细的一类器物。盖沿上刻划有"甲申"字样。从器物的风格上看，该"甲申"我们认为定在1044年是比较合适的，即在北宋中期的年代范围内。

结合两方面的材料，我们认为龙泉窑早期淡青釉瓷器的年代当在北宋中期的1020年至1080年前后，其中第一期属于中期早段，第二期属于中期晚段。

---

⑦ 苏州市文物保管委员会：《苏州虎丘云岩寺塔发现文物内容简报》，《文物参考资料》1957年第11期。

⑧ 北京市文物工作队：《辽韩佚墓发掘报告》，《考古学报》1984年第3期。

⑨ 浙江省博物馆：《浙江纪年瓷》，文物出版社，2000年。

⑩ 河南省文物研究所、巩县文物保管所：《宋太宗元德李后陵发掘报告》，《华夏考古》1988年第3期；河南省文物考古研究所：《北宋皇陵》，中州古籍出版社，1997年。

⑪ 内蒙古文物考古研究所：《辽陈国公主夫妇合葬墓发掘简报》，《文物》1987年第11期；内蒙古自治区文物考古研究所、哲里木盟博物馆：《辽陈国公主墓》，文物出版社，1993年。

⑫ 中国社会科学院考古研究所内蒙古第二工作队、内蒙古文物考古研究所：《内蒙古巴林左旗辽代祖陵陵园遗址》，《考古》2009年第7期。

北宋中期前后的龙泉窑产品，无论是器物种类、器形、装饰内容、装饰技法还是装烧工艺、发展趋势，均与越窑有着密切的联系，可能是越窑的窑工通过瓯江进入龙泉地区直接建窑烧造的。从整个南方地区来看，这一时期除越窑外，湖田窑亦正走向鼎盛时期，产品流布极广，窑业亦开始侵入浙闽赣三省交界处，因此龙泉窑可能受其影响而呈现极淡的青色，此种淡青釉与浙江传统的青釉有较大的差别。

进入北宋中晚期后段，越窑趋向衰落，龙泉窑产品亦向粗劣发展，器类减少，器形趋向单一，胎质较粗，釉面干枯，并且从垫圈垫烧转向用泥饼垫烧，这是龙泉窑之后最主要的垫烧方法。

为摆脱与越窑一样走向衰亡的命运，北宋晚期的龙泉窑转而更多地吸收湖田窑、定窑以及耀州窑等当时影响大、质量高超的窑场窑业技术，并逐渐形成自己的风格。

第五章 | **龙泉窑淡青釉瓷器的流布**

淡青釉时期的龙泉窑处于始创时期，其窑址仅限于金村地区，窑址数量少、规模较小，因此产量并不是很大，其产品的流布主要以窑址所在的龙泉与庆元两县为主，周边的政和、松阳等地区亦有少量的出土。这一时期的龙泉窑应该还是一个地方性的窑口，产品主要销往周边地区。

龙泉、庆元等市县博物馆收藏的淡青釉瓷器，均为当地文物工作者历年来在乡镇工程建设中采集所得。一些有明确的出土地点与遗迹性质，主要是墓葬；另外一些因为年代久远，出土信息已不明确。以下对典型淡青釉瓷器作简单的介绍。

一　龙泉市博物馆收藏的淡青釉瓷器

从目前的收藏信息来看，龙泉市博物馆收藏的淡青釉瓷器是数量最多、种类最丰富、器形最复杂、质量最高的。主要包括执壶、盘口壶、五管瓶、盏托等器形。

1. 执壶

包括盘口与喇叭形敞口两种。

盘口圆鼓腹执壶　小浅盘口，细长颈上细下粗，圆肩，深弧腹，矮圈足。长颈近肩处有凸棱两道，肩部有凸棱一道，长弧形流，与流相对的一侧为宽扁曲柄，柄与流之间有一对泥条形环耳。腹部有两道一组的凸棱或出筋，将整个腹部纵向等分成四部分，从而形成屏风式布局。通体施以淡青釉，外底不施

5-1   5-2   5-3

釉。圈足上有泥点垫烧痕（图5-1）。

　　盘口深弧腹执壶　器形、装饰与盘口圆鼓腹执壶近似，腹较深弧（图5-2）。

　　喇叭口深弧腹执壶　大喇叭形敞口，长颈，圆肩，深弧腹渐收，平底，矮
圈足。长弧形流，宽扁曲柄。肩部有凸棱一道，腹部作屏风式布局，屏面上有
简化的细线划花卉。通体施釉（图5-3）。

　　2.盘口壶

　　数量较多，造型相似，外腹的装饰极为丰富。

　　盘口，细长颈，圆肩，深弧腹渐收，平底，矮圈足。带子口盖。颈近肩处
常有两道凸弦纹，肩部常设有对称的泥条环形耳一对。腹部或通体刻划莲瓣
纹（图5-4），或装饰刻划花的牡丹纹、莲瓣纹（图5-5）；或作屏风式布局，屏面
上细线划简化的花卉（图5-6、图5-7）；或在肩部堆贴鸡冠状贴塑（图5-8~图5-10）。
盖多作子口，宽沿，盖面有复杂的装饰，中心有蒂形纽或宝珠形纽。一般通体
施釉，垫圈在圈足内垫烧。

　　3.五管瓶

　　以多层塔式五管瓶为主，亦有近似于梅瓶的。

　　多层塔式五管瓶　直口，短颈，折肩形成塔形第一层，或通体向下呈逐层
塔形（图5-11），或仅上腹部向下呈逐层塔形（图5-12），下腹部呈深弧腹，矮圈

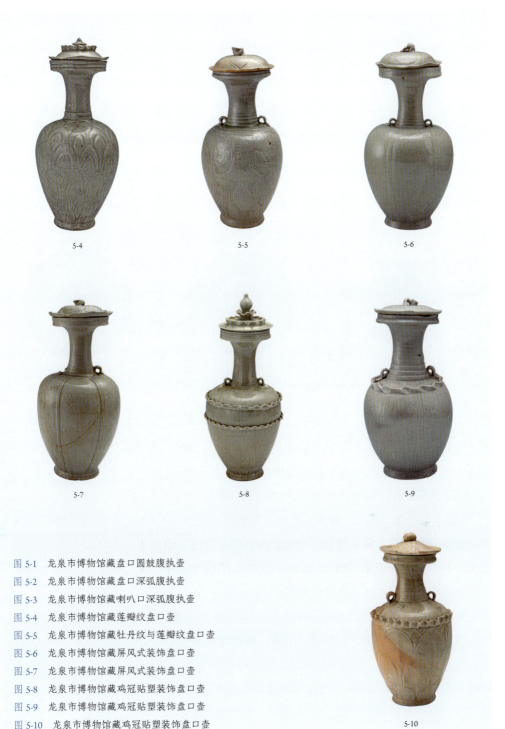

图 5-1　龙泉市博物馆藏盘口圆鼓腹执壶

图 5-2　龙泉市博物馆藏盘口深弧腹执壶

图 5-3　龙泉市博物馆藏喇叭口深弧腹执壶

图 5-4　龙泉市博物馆藏莲瓣纹盘口壶

图 5-5　龙泉市博物馆藏牡丹纹与莲瓣纹盘口壶

图 5-6　龙泉市博物馆藏屏风式装饰盘口壶

图 5-7　龙泉市博物馆藏屏风式装饰盘口壶

图 5-8　龙泉市博物馆藏鸡冠贴塑装饰盘口壶

图 5-9　龙泉市博物馆藏鸡冠贴塑装饰盘口壶

图 5-10　龙泉市博物馆藏鸡冠贴塑装饰盘口壶

5-11   5-12   5-13

5-14   5-15   5-16

足。带盖。在第二层级上有多个立管，以五个为主，亦有五个以上的。腹部装饰有刻划莲瓣纹等纹饰。盖作母口形或子口形均有，盖面圆拱，中心有纽。通体施釉。

梅瓶式五管瓶 直口，短颈，圆肩，深弧腹，矮圈足。腹部通体装饰有刻划莲瓣，以细纹作茎络。带盖，盖直口深腹，中部有凸起的莲瓣纹，盖面作浅盘形，中心为宝珠纽，纽外为四只浮游的鸭子（图 5-13）。

4.盏托

圆唇内勾，宽折沿，浅折腹，平底，矮圈足外撇。中心为一圆台形托柱，作莲花形装饰，宽沿与托面上有细线划的简化花卉。托柱、托盘与圈足分段制作后拼接。外底有一大的圆形镂孔。通体施釉，垫圈垫烧（图5-14～图5-16）。

图 5-11 龙泉市博物馆藏塔式五管瓶
图 5-12 龙泉市博物馆藏塔式五管瓶
图 5-13 龙泉市博物馆藏梅瓶式五管瓶
图 5-14 龙泉市博物馆藏盏托
图 5-15 龙泉市博物馆藏盏托内腹部
图 5-16 龙泉市博物馆藏盏托外底

二　庆元县廊桥博物馆收藏的淡青釉瓷器

龙泉金村窑址群的很大一部分窑址，包括烧造淡青釉瓷器的窑址，都落于今庆元县内，而庆元博物馆收藏的龙泉窑淡青釉瓷器，无论是数量还是质量，都仅次于龙泉。主要器形包括碗、盘、杯、梅瓶、五管瓶、罐、盘口壶等。

1.碗

尖圆唇，敞口，深弧腹，平底，矮圈足。其中一件外腹装饰整齐的粗刻直条纹，内底为盛开的花朵，内腹刻划侧视的缠枝牡丹纹，以粗线条刻划轮廓，细线填以茎络为地纹，整个构图层次感分明，线条清晰流畅，纹饰遒劲有力。满釉，外底为垫圈垫烧，泥点痕较细而长。整体造型较为轻巧秀气（图5-17～图5-19）。

外底不施釉的碗则使用陶质垫饼垫烧，总体上胎体较为厚重，釉色略泛灰，质量不如满釉垫圈烧造的器物（图5-20）。

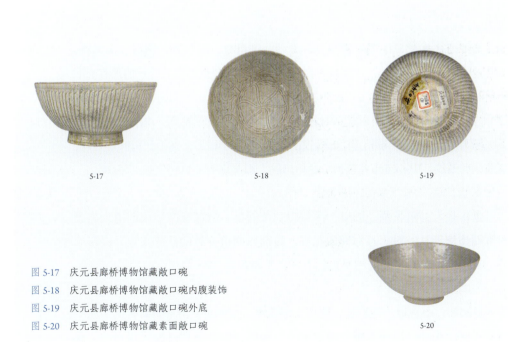

5-17　　　　　5-18　　　　　5-19

图 5-17　庆元县廊桥博物馆藏敞口碗
图 5-18　庆元县廊桥博物馆藏敞口碗内腹装饰
图 5-19　庆元县廊桥博物馆藏敞口碗外底
图 5-20　庆元县廊桥博物馆藏素面敞口碗

5-20

2. 盘

卧足盘一件。尖圆唇，敞口，浅弧腹，大平底，卧足，但足圈略凸起。内底与腹之间有细凹弦纹一道，内底为简化的细线划花花卉。外底不施釉，使用泥质垫饼垫烧，垫饼仍粘结于外底（图5-21、图5-22）。

3. 小杯

圆唇，弧敛口，深弧腹略鼓，平底，矮圈足，整体造型似一个小鼓。口沿下有凹弦纹三道形成两道凸棱，圈足上有两道细凹弦纹。腹部通体刻划双层莲瓣纹，莲瓣纹内填以细线茎络纹。通体施釉，外底使用垫圈垫烧（图5-23）。

4. 罐

方唇，直口，短颈，溜肩，深弧，平底，矮圈足。带子口盖。肩部有等距泥条形环耳四个，圈足上有两道凸弦纹。通体刻莲瓣纹，以细线划茎络。盖面较平，中心为扁泥条形纽。通体施釉，圈足端有泥点垫烧痕（图5-24）。

5. 五管瓶

有两种，一种是多层塔式，另外一种是盘口壶式。

双层塔式五管瓶　直口，短颈，上腹部作两级向上收，下腹部为深弧腹，平底，矮圈足。下腹部有五个多角形管。第一层级刻直条纹，第二层与下腹部刻莲瓣纹，圈足上有凹弦纹一道。通体施釉，圈足端有泥点垫烧痕（图5-25）。

盘口壶式五管瓶　器形极少见。方唇，浅盘口，细长颈，圆肩，深弧腹，矮圈足外撇。带子口盖。肩部堆贴四个盾牌式的耳，耳面模印花卉。肩部有上下两道凸弦纹，弦纹之间有六个多角形短管，等距分布。上腹部以两道一组的凸弦纹分成四部分，出筋之间填以刻划的精细牡丹纹，粗线刻轮廓、内填细线茎络；下腹部为粗刻莲瓣纹。圈足有细凹弦纹一道。盖作子口形，宽沿作荷叶形外卷，盖面刻莲瓣纹，中心纽作花苞形。通体施釉，圈足端有泥点垫烧痕（图5-26）。

6. 盘口壶

盘口较大，粗长颈，圆肩，深弧腹，矮圈足。肩部有凸弦纹两道，肩颈间堆贴盾牌形耳一对，耳面模印花卉。腹部以两道一组的凸弦纹等分成四部分。通体施釉，圈足端与圈足内均有泥点垫烧痕迹（图5-27）。

7. 梅瓶

厚圆唇，小直口。颈较长，圆肩，深弧腹，矮圈足。肩部有对称的扁泥条形耳一对。腹部以出筋等距分成四部分，每部分内细线划以简化花卉纹。满

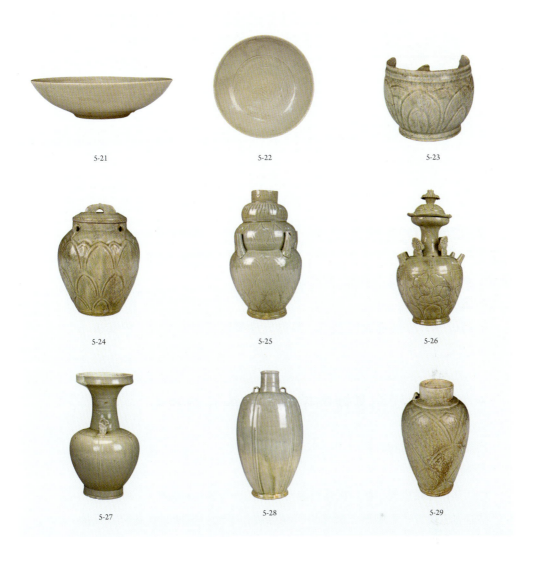

5-21   5-22   5-23

5-24   5-25   5-26

5-27   5-28   5-29

图 5-21　庆元县廊桥博物馆藏敞口卧足盘

图 5-22　庆元县廊桥博物馆藏敞口卧足盘内腹纹饰

图 5-23　庆元县廊桥博物馆藏小杯

图 5-24　庆元县廊桥博物馆藏罐

图 5-25　庆元县廊桥博物馆藏塔式五管瓶

图 5-26　庆元县廊桥博物馆藏盘口壶式五管瓶

图 5-27　庆元县廊桥博物馆藏盘口壶

图 5-28　庆元县廊桥博物馆藏梅瓶

图 5-29　庆元县廊桥博物馆藏瓶

釉，外底以垫圈垫烧（图 5-28）。

8. 瓶

直口瓶一件。直口，短颈，圆肩，深弧腹渐收，矮圈足。肩部有凸棱一道，并设有对称的环形耳一对，一个耳已残。腹部双线刻划莲瓣纹，并以细线填以茎络纹。满釉（图 5-29）。

图 5-30　庆元县廊桥博物馆藏小瓶
图 5-31　庆元县廊桥博物馆藏碟

5-30　　　　　　　　　　　　　5-31

直口小瓶一件。直口，短颈，折肩，深弧腹斜收，矮圈足外撇。带盖。肩部刻划花瓣纹，腹部双线刻划蕉叶纹，均以细线填以茎络纹。盖作卷叶形，蒂形纽，盖面刻划蕉叶纹。满釉，垫圈垫烧（图5-30）。

9. 碟

器形极小，与盘近似但更小。敞口，浅弧腹，内大平底，外底极小（图5-31）。

三　松阳县博物馆收藏的淡青釉瓷器

均为碗、盘类器物。

1. 碗

包括侈口深弧腹碗、敞口深弧腹碗与敞口斜直腹碗（斗笠碗）三种器形。

侈口深弧腹碗　尖圆唇，微侈口，深弧腹，平底，矮圈足。花口，瓜棱腹。满釉，外底以垫圈垫烧（图5-32）。

敞口深弧腹碗　尖圆唇，敞口，深弧腹，平底，矮圈足。圆口为主（图5-33），亦见有花口（图5-34）。内底为细线划的简化花卉（图5-35）。满釉，外底以垫圈垫烧。

敞口斜直腹碗（斗笠碗）　尖圆唇，敞口，斜直腹，小平底，矮圈足（图5-36）。内底为细线划的简化花卉（图5-37）。满釉，外底以垫圈垫烧。

2. 盘

卧足盘，尖圆唇，敞口，浅弧腹，大平底，卧足。内底与内腹之间有细凹弦纹一道。外底不施釉，使用泥质垫饼垫烧（图5-38）。

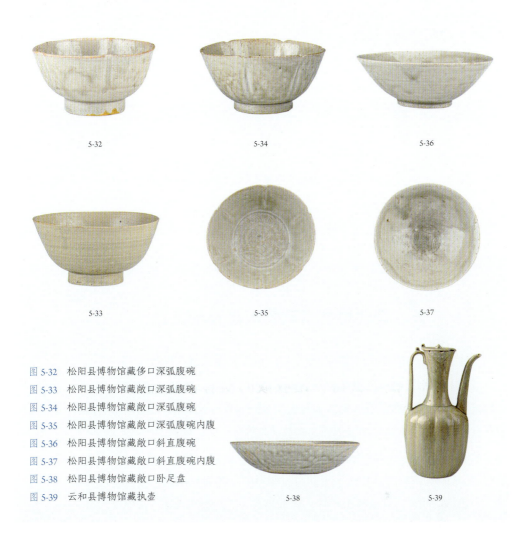

5-32

5-34

5-36

5-33

5-35

5-37

图 5-32 松阳县博物馆藏侈口深弧腹碗
图 5-33 松阳县博物馆藏敞口深弧腹碗
图 5-34 松阳县博物馆藏敞口深弧腹碗
图 5-35 松阳县博物馆藏敞口深弧腹碗内腹
图 5-36 松阳县博物馆藏敞口斜直腹碗
图 5-37 松阳县博物馆藏敞口斜直腹碗内腹
图 5-38 松阳县博物馆藏敞口卧足盘
图 5-39 云和县博物馆藏执壶

5-38

5-39

四　云和县博物馆收藏的淡青釉瓷器

　　仅有执壶一件，带盖。大喇叭形敞口，细长颈，圆肩，腹近直而略弧，卧足。肩部有长弧形流，与之相对的一侧有宽曲柄。腹部作瓜棱形，凹棱中有两道细凹弦纹，中部有多圈细凹弦纹。盖作斗笠形，中心有花苞形纽，一侧有小圆环形穿，与之相对的曲柄上亦有小圆环形穿，用以系绳。外底不施釉（图5-39）。

5-40   5-41   5-42

图 5-40　浦城县博物馆藏执壶
图 5-41　政和县博物馆藏执壶
图 5-42　政和县博物馆藏温壶

五　闽北博物馆收藏的淡青釉瓷器

在浦城县博物馆与政和县博物馆的展厅内，各展示有一件执壶。

浦城县博物馆收藏的执壶为大喇叭形敞口，长颈，圆肩，深弧腹，平底，矮圈足（图5-40）。肩部有长弧形流，与流相对的一侧为长曲柄。颈近肩部有两道粗凸弦纹，腹部以三道一组的出筋等距分成六部分。通体施釉。

政和县博物馆收藏的执壶为大喇叭形敞口，长颈，折肩，深弧腹，平底，矮圈足（图5-41）。肩部有长弧形流，与流相对的一侧为长曲柄。流与柄之间堆贴一对盾牌形的耳，耳面模印花卉。肩腹间有一道凸起的弦纹，腹部以三道一组的出筋等距分成八部分。肩部细线划花卉，腹部细线划蕉叶纹，内填以茎络纹。通体施釉，质量上乘。

另外政和县博物馆还藏有一件温壶（图5-42）。壶盖已失，直口长颈，圆肩，深弧腹。长曲流与长曲柄，颈、腹与流均作多棱形。温碗为直口，深直腹，矮圈足外撇。碗圈足上有圆形镂孔。壶与碗的腹部满饰细线划花的纹饰，题材为缠枝花卉。这类多棱形的执壶为龙泉窑常见器形；多棱形温碗亦有发现，但多为残片。

小　结

从目前的考古材料来看，龙泉窑淡青釉瓷器的出土地点绝大多数在窑址附近，其中以龙泉与庆元最为集中。庆元出土龙泉窑淡青釉瓷器的数量虽然不多，但器形的丰富性甚至超过了龙泉，尤其是盘口的五管瓶，装饰精美、制作精良、器形特殊，为目前存世的孤品。其既有越窑的窑业技术，亦有龙泉自身独特的造型艺术，代表了这一时期龙泉窑独特的审美。此外，周边云和、松阳等沿瓯江北去的交通要道，以及浦城、政和等沿闽江南下的交通要道均有少量的出土，反映了这一时期龙泉窑青瓷的分布区域。

器形上以五管瓶最具特色，器形大，造型复杂，外形多变，装饰华丽而精美，是本地区独具特色的陶瓷文化重要代表。

盘口壶与梅瓶也是早期龙泉窑的代表性器物。虽然越窑亦有类似的器形，但出土比例极低，数量极少，不是典型器物。而龙泉窑淡青釉瓷器中的盘口壶与梅瓶是极具代表性的主要器形，反映了早期龙泉窑浓郁的地方特色。

碗、盘、碟、罐、执壶等的器形、装饰均与越窑十分接近，是越窑技术在龙泉地区的集中体现。

所有的器类均包括满釉垫圈垫烧与外底不施釉陶质垫饼垫烧两种装烧方式。满釉垫圈装烧的与越窑完全一致，是越窑的装烧技术。而外底不施釉、陶质垫饼垫烧的技术不见于越窑，亦不见于浙江传统的烧造工艺，应该是受湖田窑、耀州窑等省外技术影响的结果。这也体现了龙泉窑在北宋中晚期开放的心态，以及受到国内许多重要窑业技术的影响。

第六章

龙泉窑烧造翠青釉
瓷器窑址概况

　　龙泉窑继淡青釉瓷器兴起的，是一批釉色青翠、装饰华丽的青瓷器。其器形、胎釉特征、装饰题材与技法等均与淡青釉瓷器存在巨大的区别，可以称之为翠青釉瓷器。

　　北宋晚期至南宋早期，作为龙泉窑翠青釉瓷器生产中心地区的金村，窑址数量多、规模大，产品种类丰富、质量高超。这一时期的窑业技术还开始向外辐射，大体应该分成南北两支。北支最早应该是先传播到大窑地区，然后向北过石隆、溪口，到龙泉东区。经龙泉又分成东西两支，西支过缙云到达婺州窑地区，东支沿瓯江而下到达台州与温州地区。南边一大支沿竹口溪南下，到达福建地区。其中松溪一带的闽北地区时代较早，越往南去越晚，再往南在同安一带被称为珠光青瓷。福建地区的此类产品由栗建安先生进行梳理与研究，本文则主要对浙江地区北支的流布进行初步的梳理。

　　从目前的考古材料来看，大窑地区应该是在龙泉除金村外最早设窑的。窑址主要集中在岙底地区，此外在垟岙头的三里也有一定的分布。岙底俗称"官场"，是龙泉窑的最核心地区。从地形上看，这里是大窑地区最为开阔的，因此最早在此处设窑也是合理的。整个岙底四周均有北宋晚期的窑址存在，包括荒田、大塆、亭后、瓦窑坑、枫洞岩、山头埂、杉树连山等。

　　产品时代、类型、种类、装饰等特征与金村最为接近，可以划分成前后两个大的时期。前期最主要是刻划团状的缠枝菊花纹，外腹的直条纹较宽且排列规则。后期则主要是篦点纹与篦划纹共同组成的缠枝花卉，甚至更加简化成简单的数笔，外腹直条纹粗细、长短不一，排列杂乱。

装烧工艺以一匣一器的匣钵单件装烧为主，外底不施釉，以泥质小圆饼垫烧。匣钵以M形占绝大多数，少量为平底匣钵。

石隆与金村、大窑处于同一山岙中，大窑在中间，东西两头分别是金村与石隆，这一山岙也是金村北宋窑业向北边传播的重要通道。从调查的材料来看，在石隆地区没有发现北宋晚期前段刻划较规则缠枝菊花的产品，多数产品仅在内腹刻划粗率的数笔，外腹的直条纹较为杂乱。装烧方法为匣钵以陶质垫饼垫烧。时代当为北宋晚期后段。

溪口窑址群位于瓯江的西岸，窑址群的时代主要是南宋与元代，北宋时期的产品目前没有发现。这是龙泉地区唯一没有发现北宋时期窑址的大型窑址群。

龙泉东区的窑址规模非常庞大，时代上以元明时期为主，两宋时期的窑址数量比较少。其中北宋时期的窑址主要集中在大白岸的山头窑地区。器形以碗、盘为主，有少量的执壶与碟类器物。由于这里经过较大规模的发掘，因此产品的面貌相对比较清晰，主要是《龙泉东区窑址发掘报告》中所分的第一阶段器物，其基本特征如下：

器物的装饰手法以刻划占主导地位，个别纹饰辅之以篦点纹。图案浑圆，布局对称，在同一平面上有主纹与地纹之分。装饰题材以直条纹、团花、篦纹为主，并有少量的荷花、荷叶、缠枝菊花、牡丹花、三叶纹、蕉叶纹、锥刺纹、弦纹以及个别的莲花、莲瓣、鸭与水波纹等。碗类器物的外壁常见有直条纹，线条细窄，凹痕较为均匀。纹饰以四或五条平行线为一组。团花三两朵不等，花的轮廓线用单或双线勾划，其上点缀疏朗而简洁的篦纹。三叶纹线条流畅、高低错落有致，缠枝菊花往往用繁密的、呈Z形趋向的锥刺纹衬托。器物釉色普遍青中显绿，少数泛黄，釉层较薄，胎色灰白，质地不够细密。[①]

龙泉东区出土的器物从装饰特征上来看应该属于北宋晚期后段，不见北宋晚期前段的器物。

龙泉地区北宋晚期的翠青釉瓷器以金村为最，其次是大窑。这两个地区的产品时代可以早至北宋晚期的前段，窑址数量多、规模大，产品种类丰富，质量亦较高，是当时窑业生产的中心区域。尤其是一批高质量的青瓷，从目前的考古材料来看，仅限于这一地区生产，很可能是《鸡肋编》记载的禁庭"制样

----

① 浙江省文物考古研究所：《龙泉东区窑址发掘报告》，文物出版社，2005年。

须索"的器物。

此外，石隆与龙泉东区亦有一定数量的生产，但时代较金村与大窑地区为晚，主要是北宋晚期后段的器物，种类、器形、装饰纹样的丰富程度，产品的胎釉质量等均无法与前者相比，明显具有核心区外围窑场的生产性质。

一　金村地区烧造翠青釉瓷器窑址

与淡青釉瓷器一样，翠青釉瓷器的烧造中心仍旧是金村地区，这里是北宋时期龙泉窑的窑业中心。

烧造翠青釉的窑址几乎遍及整个金村地区，从最东北的Y1、Y2，到最西南的Y124、Y125，均有烧造。目前能确定的有下坑屋后Y2、Y3，谷岩沿岗Y7，屋后山Y8、Y11，溪东Y13、Y14、Y15，下会Y16，后呇Y17，大窑犇Y18、Y19、Y20、Y21、Y22、Y23、Y24、Y25、Y27，上垟Y31、Y117、Y118、Y119、Y121、Y124、Y125等，共计26处窑址。

其中对Y17、Y22进行了试掘，出土大量的翠青釉瓷器。

（一）后呇Y17

该窑址最早烧造的是淡青釉瓷器，到了翠青釉瓷器时期，规模更大，地层更厚，产品种类更加丰富，可以清晰地看到两个阶段窑业的扩张过程。

试掘地点位于山坡上，地层堆积极陡，人几乎无法站立，应该是倾倒窑业废品堆积处，窑炉在山坡更上方（图6-1）。

翠青釉瓷器主要是双面装饰的碗、盘类器物，亦有擂钵、炉、夹层碗、盏托、瓶等。碗、盘类器物多作敞口，斜弧腹，小平底，矮圈足。外腹为直条纹，内腹为以刻划篦划纹为地的花卉，或篦划纹刻划的简单花卉。以翠青色釉为主，质量较佳。外底不施釉，以陶质小圆饼垫烧（图6-2、图6-3）。

窑具主要有M形匣钵、泥质垫饼等（图6-4）。

据村民说，此处曾出土过方形炉、六角形炉等较高档产品。

（二）大窑犇Y22

Y22的地层与分布情况在第三章已做过介绍，这里是整个金村窑业的中心区域，尤其是北宋时期的窑业规模庞大。试掘探沟出土标本以及地面采集标本

6-1

6-2

6-3

图 6-1　龙泉后呑 Y17 地层

图 6-2　龙泉后呑 Y17 出土翠青釉瓷器

图 6-3　龙泉后呑 Y17 出土翠青釉瓷器

图 6-4　龙泉后呑 Y17 出土匣钵与垫饼

6-4

第六章　龙泉窑烧造翠青釉瓷器窑址概况

6-5

6-6

图 6-5　龙泉金村大窑犇 Y22 出土翠青釉瓷器
图 6-6　龙泉金村大窑犇 Y22 出土翠青釉瓷器

中均有大量的翠青釉瓷器（图6-5、图6-6）。主要是双面装饰的碗，敞口，斜弧
腹，小平底，矮圈足。外腹为以直条纹，内腹为以刻划篦划纹为地的花卉，或
篦划纹刻划的简单花卉。亦包括罐、执壶、炉、夹层碗、碟等器物。釉色以翠
青色为主，部分亦泛黄色，胎釉质量均较佳。外底不施釉，以陶质小圆饼垫烧。

　　窑具主要是M形匣钵、筒形匣钵、陶质垫饼等。

　　其他窑址均调查采集了一批标本。

整体上来说，金村地区的翠青釉瓷器以碗、盘、碟类器物为主，包括夹层碗、执壶、盒子、五管瓶、炉、梅瓶、盘口壶、盏、盏托等。许多炉器形硕大、制作复杂、装饰华丽、胎釉质量高超，代表了这一时期龙泉窑的最高制作水平。因此无论是从窑业规模，还是产品种类、质量等诸多方面来说，金村都是这一时期的窑业中心。

二 大窑地区烧造翠青釉瓷器窑址

从目前的考古材料来看，翠青釉瓷器是大窑地区最早烧造的瓷器。这是龙泉窑从创烧以来首次走出金村地区，其向外围扩张并以迅猛之势几乎遍及浙西南、闽北甚至是赣东地区。

图 6-7　龙泉大窑岙底

大窑地区烧造翠青釉瓷器的窑址，从邻近金村的上村屋后一带开始，沿山岙过下村、杉树连山，在岙底一带广泛分布。岙底一带不仅是南宋以后的窑业核心，也是翠青釉窑址的分布中心（图6-7）。往东北则一直至三里、石隆。

目前能确定的窑址有荒田上 Y 33－2、亭后 Y 34、大湾 Y 35、黄麻雀 Y 37、黄连坑 Y 49、山头埕 Y 50－1 和 Y 51、杉树连山 Y 53、杉树连山东坡 Y 54、杉树连山南坡 Y 55、社殿岗 Y 83、三里 Y 87、枫洞岩 Y 107－1 等 14 处窑址。其中对荒田上 Y 33－2、亭后 Y 34、大湾 Y 35、黄连坑 Y 49、山头埕 Y 50－1 等 5 处窑址进行正式试掘并发现有原生地层。

（一）荒田上 Y 33-2

荒田上窑址在岙门口上，位于整个岙底的西南角山坡上（图6-8）。Y 33－1 与 Y 33－2 地层堆积均极厚，窑业持续时间极长。Y 33－2 南宋至元代产品质量极高，延续至明代，此外南宋时期亦兼烧黑胎青瓷。从丰厚的地层堆积及其延续性来看，Y 33－1 一带亦当烧造翠青釉瓷器。

图 6-8　龙泉大窑荒田上窑址

图 6-9　龙泉大窑荒田上 Y33-2 出土翠青釉瓷器

翠青釉瓷器数量不多，器形较为单一，装饰较为简单，主要是碗（图6-9），亦有瓶等。胎釉质量一般，釉色较深，釉面玻璃质感强，但莹润度不足。

（二）亭后 Y34

位于呑底窑业核心区的西坡，从大窑溪西边水田到山坡中部全是窑业堆积，范围极大，地层极厚（图6-10）。从翠青釉时期一直延续到元明时期，并且在南宋时期烧造黑胎青瓷。出土的翠青釉瓷器以碗为主，包括盘、碟等，其他器物类型较为少见。碗又以斗笠碗占绝大多数。流行双面刻划花装饰，内腹多为篦划纹，外腹多为直条纹。外底不施釉，以陶质垫饼垫于匣钵中单件烧造为主。总体上灰胎较深，胎质略粗。釉色泛灰，缺乏翠绿色的釉色，釉面略为干涩（图6-11）。

（三）大墰 Y35

位于呑底西坡中部，从大窑溪边至山坡的半坡均有极厚的地层堆积。试掘沟的底部为翠青釉时期的地层；中部为南宋时期地层，也是主体地层；上部为元明时期的地层。其中宋元时期地层出土产品质量极高。

翠青釉瓷器数量不是很多，地层与南宋、元代的亦完全不一样。南宋、元代的地层基本为以匣钵和窑具为主体的废品堆积，极少有泥土；而翠青釉时期的地层堆积则以近黄色的山土为主，瓷片及窑具包含物相对比较少（图6-12），可见这一时期的窑业规模并不是很大。产品主要以碗为主，流行双面刻划花装饰。外底不施釉，以陶质垫饼在匣钵中单件垫烧（图6-13、图6-14）。

6-10

6-12

6-13

6-14

图 6-10　龙泉大窑亭后 Y34 地层

图 6-11　龙泉大窑亭后 Y34 出土翠青釉瓷器

图 6-12　龙泉大窑大湾 Y35 地层堆积

图 6-13　龙泉大窑大湾 Y35 出土翠青釉瓷器

图 6-14　龙泉大窑大湾 Y35 出土翠青釉瓷器

（四）山头埕 Y50-1

山头埕窑址同样位于岙底东坡的中心位置，与亭后窑址隔岙相望（图6-15）。从大窑溪一直到山顶均有丰厚的窑业堆积，可以采集到从翠青釉时期至元明时期的标本，南宋时期兼烧黑胎青瓷，是大窑的最核心窑场之一。在朝

图 6-15　龙泉大窑山头埂窑址　　　　　　图 6-16　龙泉大窑山头埂窑址出土翠青釉瓷器

南的山坡上清理过龙窑炉。我们在近山顶的水田里布了两条试掘沟，地层不是很厚，主要为翠青釉瓷器。器形主要以碗与盘为主，亦有执壶、五管灯等器物。碗、盘类器物流行双面刻划花装饰，一般满饰器物的内外腹，内腹为团菊，外腹为直条纹。青灰色胎。青釉色较深、较暗（图6-16）。

（五）黄连坑Y49

位于呑底东边山头埂正东边的山坡上，窑业堆积与山头埂连成一片（图6-17）。采集到的标本从翠青釉时期一直持续元明，南宋时期兼烧黑胎青瓷，是质量最好的时期。

山坡下水田里的试掘沟地层并不厚，主要的堆积应该在山坡上。翠青釉时期并没有独立的地层，仅出土少量的标本。以碗为主，外腹刻划直条纹。青釉色较深。外底不施釉（图6-18、图6-19）。

（六）黄麻雀Y37

位于呑底西北边山坡上（图6-20）。这一带堆积极厚，持续时间极长，从翠青釉时期一直持续到明代，且产品质量均极高。南宋时期兼烧黑胎青瓷，元代烧造一批塑像，明代则烧造一批体量极大的缸类青瓷器，胎与釉均极厚，质量上乘。

采集的翠青釉瓷器基本为碗，内外刻划花，釉色较深，外底不施釉，以陶质垫饼垫烧（图6-21）。窑具为M形匣钵。

图 6-17　龙泉大窑黄连坑窑址

图 6-18　龙泉大窑黄连坑窑址出土翠青釉瓷器

图 6-20　龙泉大窑黄麻雀窑址群

图 6 21　龙泉大窑黄麻雀窑址群采集的翠青釉瓷器

图 6-19　龙泉大窑黄连坑窑址出土翠青釉瓷器

（七）山头埕Y51

　　该地点位于山头埕的东南下坡，当地称"清明丘"，亦俗称"官场"（图 6-22）。我们在这一区域采集到大量的高质量青瓷，时代从翠青釉时期一直延续到元明。南宋时期的质量最高，包括白胎与黑胎青瓷两种。其中黑胎青瓷有

图 6-22 龙泉大窑山头埂 Y51　　　　　　　　　图 6-23 龙泉大窑山头埂窑址采集的白胎瓷器

薄胎厚釉产品，也有与小梅瓦窑路窑址产品接近的薄胎薄釉类青瓷产品，这是首次在大窑地区确认了小梅窑址类型的产品。

翠青釉瓷器仅采集到少量的碗、盘类标本，内外刻划花，外底不施釉 (图6-23)。

（八）杉树连山Y53、Y54、Y55

杉树连山是一座馒头形小山丘，将大窑村与呑底一分为二：西边是林窑村通往呑底的小山呑，称为呑门 (图6-24)；东边大窑溪绕山而过进入大窑村。

整座山丘均有大量的窑业废品堆积，其中南坡较缓而北坡较陡。南坡曾经清理过龙窑炉，是烧造与作坊区所在。北坡再往后是陡峭的斜坡，但有大量的堆积，应该是废品堆积处。

采集的标本从翠青釉时期一直延续到元明时期。以南宋时期的质量最高，除白胎青瓷外，亦兼烧黑胎青瓷器。

翠青釉瓷器仅采集到少量的碗、盘类标本，内外刻划花，外底不施釉。少量的标本质量较佳，呈翠青色 (图6-25、图6-26)。

（九）社殿岗Y83

位于垟呑头村的东南边，在西北—东南向凸出的山坡上，东、南、西三面均有大量的窑业堆积 (图6-27)。

采集的标本从翠青釉时期一直延续到元明时期。翠青釉瓷器仅采集到少量的碗、盘类标本，内刻较为简单的花卉加篦划纹，外底不施釉 (图6-28、图6-29)。

6-24

6-25

6-27

6-26

6-28

图 6-24　龙泉大窑杉树连山（左）与舀门

图 6-25　龙泉大窑杉树连山窑址采集标本

图 6-26　龙泉大窑杉树连山窑址采集标本

图 6-27　龙泉大窑社殿岗窑址

图 6-28　龙泉大窑社殿岗窑址采集标本

图 6-29　龙泉大窑社殿岗窑址采集标本

6-29

（十）三里Y87

在三里朝西的山坡上，此山舀再往北去即为石隆窑址群（图6-30）。

山坡上采集的标本从翠青釉时期一直延续到元明时期。翠青釉瓷器有一定的数量，主要是碗类器物，内刻较为简单的花卉加篦划纹，外底不施釉。亦偶见梅瓶等器物（图6-31、图6-32）。

该窑址翠青釉瓷器与社殿岗的相近，装饰较为简单。

6-30

6-31

6-32

图 6-30　龙泉大窑三里窑址

图 6-31　龙泉大窑三里窑址采集标本

图 6-32　龙泉大窑三里窑址采集标本

（十一）枫洞岩 Y 107-1

枫洞岩窑址编号为 Y107，2006年进行过大规模的发掘，在其明代地层发现了高质量的官器类产品，证实龙泉窑在明代早期仍烧造高质量的青瓷器，且供应宫廷。由于明代高质量的窑址数量不多，故其早期的宋元地层并没有清理。

Y107-1位于北边朝西山坡上，已接近于岙底窑址群的北边尽头，再往北则要进入垟岙头方始有窑址（图6-33）。该窑址产品基本集中在翠青釉时期，采集的标本器形以碗、盘为主，有少量的炉类器物（图6-34、图6-35）。繁缛的双面刻划花装饰，内为粗线刻划的团菊、缠枝等花卉纹饰，填以篦纹作为茎络与地纹；外腹为直条纹。胎色青灰。釉色较深，呈青绿色，少量呈翠青色。外底不施釉，以陶质垫饼垫烧。M形匣钵为主。

6-33

6-34

6-35

大窑地区烧造翠青釉瓷器的窑址主要集中在岙底周边。从目前的调查与试掘材料来看，岙底从杉树连山开始，西线沿荒田上Y33、亭后Y34、大垟Y35、黄麻雀Y37均采集到这一类型的瓷器标本，而东线的山头埠Y50、枫洞岩Y107-1这两个核心窑址群分布区亦均采集到了标本，几乎覆盖了整个岙底周边。岙底一带窑业堆积丰厚且连绵不绝，窑与窑之间无法完全分开。从调查的情况来看，这一带在翠青釉时期普遍开始烧造瓷器，实际的窑址数量应该不止目前能确定的这些。

从产品类型来看，这一带是最为丰富的，除碗、盘、碟类器物外，亦有执壶、五管灯、瓶等大型器物。装饰复杂，流行双面刻划工艺，碗、盘类大口器物的内腹与执壶类小口器物的外腹满饰各种粗刻花的团菊、缠枝花卉等，粗轮廓线内填以复杂的篦划纹，构成多层次的图案，主次分明，线条流畅有力，图案清晰。胎以较深的青灰色为主，少量胎色灰白。釉色普遍较深，呈青绿色，少量质量较佳而呈较浅的翠青色。这是大窑地区装饰最复杂、质量最高的产品。

图 6-33　龙泉大窑枫洞岩 Y107-1
图 6-34　龙泉大窑枫洞岩 Y107-1 采集标本
图 6-35　龙泉大窑枫洞岩 Y107-1 采集标本

因此无论是从窑址数量还是产品质量上，呑底都是翠青釉时期的窑业中心。

往北沿着垟呑头到三里，虽然也有社殿岗与三里两处窑址被发现，但其密度明显不如呑底地区密集，且规模较小。产品装饰更为简单，内腹多为相对简单的粗刻花加篦划纹，而少见复杂而清晰的团菊等纹饰；外腹或素面，或为较杂乱的直条纹。胎质更粗而胎色更深。釉色多为较干涩的青绿色，缺乏高质量的翠青色釉。整体上制作与质量均明显不如呑底地区，时代上可能也略晚。如果按金村地区翠青釉瓷器由繁入简的序列来看，这两个窑址的时代整体接近于北宋末期。

大窑的窑址整体上呈"V"形分布，其中"V"形的底端与右翼构成一个完整的山呑，左翼为另外一个山呑。右翼一支再往南即为金村窑址群，往北为石隆窑址群。从考古调查材料来看，右翼构成了金村窑业往大窑以及更北方向传播的主线，其中离金村较近的呑底地区时代最早、规模最大、产品类型最丰富、质量最高，而越往北，窑业规模、产品质量越下降。

左翼虽然在南宋、元代窑业规模亦较大，且在叶坞底、新亭一带烧造相当高质量的产品，但基本没有发现翠青釉瓷器，且越到外围时代越晚，最西北的高际头一带多为元明时期产品。由此证明金村窑业是从右翼山呑直接往大窑传播，在呑底形成庞大规模后再向左翼扩张的。呑底不仅是龙泉窑核心中的核心，也是最早开始烧造瓷器的地方。

三　石隆地区烧造翠青釉瓷器窑址

石隆窑址群的主体年代为南宋至元代，翠青釉时期的窑址数量并不多，主要有Y6-2、Y6-3、Y6-4、Y6-5、Y6-5-1、Y6-6、Y6-10等7处窑址。除Y6-10以外，其余窑址基本处于同一区域内，是石隆窑址群的最核心之处，也是最早开始烧造瓷器的地区（图6-36）。这里不仅是石隆地区窑址最集中的区域，而且地层堆积丰富、规模庞大、质量高，尤其是南宋时期，烧造一批质量非常高的满釉类龙泉窑青瓷。

而Y6-10虽然与窑业核心区有一定距离，但该窑址在南宋时期不仅烧造白胎青瓷，还烧造一批黑胎青瓷与米黄釉瓷器，质量非常高。且再往下游即进入了溪口窑址群，也是大窑往东去龙泉东区的交通要道，因此是石隆地区最重

图 6-36　龙泉石隆窑址群核心窑址

图 6-37　龙泉石隆 Y6-10

图 6-38　龙泉石隆 Y6-2 采集标本

图 6-39　龙泉石隆 Y6-2 采集标本

要的窑址之一（图6-37）。

这一地区的翠青釉瓷器产品面貌基本一致，均为外底不施釉、以陶质垫饼垫烧的粗类青瓷。

器物包括碗、盘、碟、执壶、五管灯、盒等，以碗、盘、碟类为主（图6-38、图6-39）。器形较大、厚重，尤其是器物的底部比较厚，部分碗类器物的圈足较高，但足壁较直；无论是碗还是盘，有相当部分呈侈口形；碗、盘类的花口造型较为少见；执壶较为矮胖。

其窑业技术受金村、大窑影响，产品面貌亦与之接近，只是离金村这一窑业中心的距离较大窑更远，因此其胎釉质量、釉色略差，器物种类更少，装饰更单一。装烧方法则基本一致。

四　龙泉东区烧造翠青釉瓷器窑址

龙泉东区烧造翠青釉瓷器的窑址数量并不多，尤其是跟元明时期庞大的窑业规模相比显得更少。包括山头窑的BY11、BY12、BY13、BY14、BY15、BY16和大白岸的BY22、BY23、BY24等，分布相对比较集中。

山头窑位于龙泉市北20多千米处的瓯江畔，整个山头均有窑址发现，目前共确认6处。山坡上有龙炉遗迹，地表为大量的窑具与瓷片标本，规模较大（图6-40）。

浙江省文物考古研究所等单位配合紧水滩水库建设对山头窑进行过正式发掘。出土的翠青釉瓷器主要为碗，敞口或侈口深弧腹，矮圈足，底较厚；也有敞口斜直腹的斗笠碗和少量的盘（图6-41、6-42）。装饰发达，内腹与内底为刻划的花卉，填以简单的篦划纹，题材主要是莲荷；外腹为直条纹，线条较粗疏。外底不施釉，釉色青灰或青黄色，缺乏翠青的浅色釉，釉面较为干涩。以陶质垫饼在M形匣钵中单件烧造，发现的窑炉均为长条形龙窑。

大白岸在山头窑的东边不远，紧邻瓯江边。目前部分窑址已被紧水滩水库所淹没，配合水库建设进行过正式发掘（图6-43）。

大白岸三个窑址出土的翠青釉时期产品基本一致（图6-44、图6-45）。

图 6-40　龙泉东区山头窑远景

图 6-41　龙泉东区山头窑采集的标本

图 6-42　龙泉东区山头窑采集的标本

6-43

图 6-43 龙泉东区大白岸窑址群
图 6-44 龙泉东区大白岸窑址群采集标本
图 6-45 龙泉东区大白岸窑址群采集标本

6-44

6-45

以碗为主，多为敞口深弧腹的矮圈足碗。内腹与内底刻划花卉，填以简单的篦划纹，题材主要是莲荷，亦有以篦点纹为地纹的简单缠枝花卉纹；外腹为直线纹，较细而杂乱。胎釉质量整体上较粗，胎色深，釉色亦较深而呈灰青色，釉面干涩。[②]

龙泉东区翠青釉时期的窑业总体上规模不大，分布的范围较小，仅集中在局部的小范围内，完全无法与元明时期庞大的窑业相比。产品面貌较为一致，器物种类单一、器形简单，基本为碗。流行纹饰装饰，内腹为粗刻划加篦划纹，外腹为直条纹，图案相对来说都比较简单。胎釉质量整体上不高，胎色较深而胎质较粗，釉色较深而呈灰青或青黄色，釉面干涩，缺乏金村地区常见的莹润翠青釉瓷器。如果按金村的发展序列，龙泉东区当进入了北宋末期与南宋初期，时代相对比较晚。

五　浙江其他地区烧造翠青釉瓷器窑址

从目前的考古材料来看，北宋晚期的龙泉窑烧造工艺沿瓯江而下，在丽水市区分成西东两支：西支沿着瓯江的支流好溪北上，然后再往西进入钱塘江流域的金华地区，扩展进入婺州窑的分布区，包括金华市区、东阳、武义和衢州的江山等地。[③]东支继续沿瓯江而下，过青田到达温州市区，再分成南北两支，北支过乐清到达台州的黄岩地区，影响所及北边到达天台等地；而南支则在温州南部泰顺、苍南等地有分布。

（一）婺州窑地区

两宋之际，婺州窑地区主要生产双面刻划风格器物的有金华的铁店、武义的水碓周、江山的碗窑等窑址。武义水碓周与江山碗窑均经过正式发掘。

金华铁店窑址以南宋至元代的乳浊釉产品而闻名，但该区域的窑业可以上溯至北宋时期，其中村东北的窑址主要生产双面刻划花类产品，质量较高。铁店周边尚有原古方乡的窑岗山、大垅、瓦叶山、窑瓶湾、东屏村与汤溪镇的厚大庄等窑址，可以统称为古方窑址群。古方窑址群的产品以碗、盘类为主，

② 浙江省文物考古研究所：《龙泉东区窑址发掘报告》，文物出版社，2005年。
③ 贡昌：《五代北宋婺州窑的探讨》，《景德镇陶瓷》总第26期，1984年。

6-46   6-47

图 6-46　金华铁店窑址采集标本
图 6-47　金华铁店窑址采集标本

大致可以划分成粗精两大类，其中铁店窑址产品可以划归精细一类（图6-46、图6-47）。粗放类的造型比较单一，缺少变化，胎质较粗，釉色青灰或青黄，外底不施釉；精细类的造型较为丰富，器壁有曲线美化和花口形式，圈足有深大和轻巧的变化，胎质明显较细白而致密，釉色青翠，内外满釉。器物花纹比较简单，均是刻划，其中较精细类器物的花纹明显更为复杂。内壁花纹主要是简笔划花、刻划花、篦点划花，也偶见叶瓣形划花，内底花纹主要有四瓣花卉图案。外壁主要是直条纹。窑具主要有支烧具、垫圈与匣钵三种，支烧具多为喇叭形筒状，垫圈为圆环形，匣钵则为M形。垫圈与匣钵主要用于精细类产品的生产。④

　　武义水碓周窑址群中经过发掘的缸窑口、蜈蚣形山窑址均有北宋时期双面刻划花产品发现，尤其以缸窑口窑址规模较大。产品以碗、盘为主，装饰题材简单而单调，少变化（图6-48、图6-49）。装饰位置多在内壁，外壁刻竖线。内壁的装饰题材一般为粗线条或篦划纹刻划的简单花卉，且多四个对称布局，部分粗线条外见有细篦划纹为地纹的现象，但地纹较为疏朗。胎体较为厚重，胎质较粗，胎色较深。釉色青黄，釉层薄，釉质的莹润感较差而略显干涩。部分器物施釉不及底。装烧方式以匣钵多件装烧为主，一般是匣钵内置3个碗加1个

---

④　张翔：《浙江金华青瓷窑址调查》，《考古》1965年第5期。

图 6-48　武义水碓周窑址出土标本

图 6-49　武义水碓周窑址出土标本

图 6-50　江山碗窑采集标本

图 6-51　江山碗窑采集标本

盘或4个盏装烧。垫具只有垫饼，两器之间仅用沙土间隔。⑤

　　江山碗窑北宋晚期至南宋早期的器物称为青绿釉类型。产品主要是两种类型的碗，盛行内外壁双面刻划，外壁划几组斜线，内壁刻花（图6-50、图6-51）。用漏斗状匣钵（即凸底匣钵）单件装烧。发掘者认为碗窑青绿釉器物与龙泉窑的特征较为接近，但从制作、装饰工艺，所用窑具形制，与其他制品类型的共存关系等方面综合考量，两者又存在着区别。以碗为例：器形方面，碗窑青绿釉碗器体较高者常见；龙泉青瓷碗不见器体瘦高者，折腹现象多见于直口碗。装饰方面，碗窑仅一期的直口碗有内外双面刻划装饰，外壁斜线都是划线，内壁刻花疏朗，篦点衬底者少见；内壁单面刻划者则多以篦线为主，手法潦草。

⑤　浙江省文物考古研究所：《武义陈大塘坑婺州窑址》，文物出版社，2014年。

龙泉青瓷的双面刻划普遍施于直口碗和撇口碗，外壁斜线以刻线居多，内壁刻花繁密，篦点或篦线衬底者常见；内壁单面刻划者多刻荷花，篦线依然只起衬底作用。胎釉方面，碗窑青绿釉碗胎质多不够细密，常见细小砂粒，胎体比较轻薄、松脆，修坯不甚平整，所谓跳刀痕比较多见；釉色一般偏灰或偏黄，釉层与胎体结合不够紧密，不见足尖裹釉者。龙泉青瓷碗普遍胎质精细致密，胎体尤其是底部明显比碗窑青绿釉碗厚重；一般胎釉结合牢固，足尖裹釉。碗窑青绿釉碗都用漏斗状匣钵单件装烧，龙泉窑青瓷一般都用M形匣钵装烧。碗窑二期青绿釉瓷器与淡青釉、黑釉瓷器共存；龙泉窑虽然有过"束口黑釉小碗"的报道，但似乎从未见过淡青釉瓷器。发掘者认为这种差别与龙泉窑和同安窑的差别类似。[6]

发掘者的认识无疑是准确而到位的，这种差别实际上是核心产区与外围扩散区的差别，越是远离核心产区，其产品的质量越差，即质量与距离是成正比的。这与北宋早中期越窑的扩散时的情况是类似的。北宋早中期，越窑的中心产区是慈溪的上林湖，次一级的产地是上虞的窑寺前与宁波的东钱湖、台州的梅浦与沙埠窑址群。次级产地的产品质量虽然不能与中心区相比，但胎釉的呈色亦相当不错。而再进入更次一级，即婺州窑接近于越窑的区域，其产品质量不仅不能与核心区相比，即使与次级区域相比亦逊一筹。

碗窑烧造此类青瓷的窑址通常与青白瓷并烧，在窑具上与浙江传统的M形匣钵不同，使用漏斗形匣钵，以陶质垫饼垫烧。

金华地区烧造此类青瓷的还有武义的抱弄口、金华的瓦叶山、窑岗山等一系列窑址。一般都使用M形匣钵，外底不施釉，以陶质垫饼垫烧。但在窑岗山附近的一个窑址上发现了满釉的现象，足端有垫烧痕迹，当是叠烧器物的最上一件或单件装烧器物垫于足端烧造，使用泥点间隔。

（二）青田和台州地区

东支沿瓯江而下，过青田到沿海地区，北边有黄岩沙埠窑址群、南边则有温州泰顺玉塔窑址群。

⑥　浙江省文物考古研究所、江山市博物馆：《江山碗窑窑址发掘报告》，《浙江省文物考古研究所学刊》，长征出版社，1997年。

图 6-52　青田万埠窑址采集标本

图 6-53　黄岩沙埠窑址采集标本

图 6-54　黄岩沙埠窑址采集标本

青田的窑址位于万埠乡，产品主要有碗、盘、碟、罐、壶等（图6-52）。胎质略粗而疏松；釉色以青黄色为主，极少见翠青色釉，质感较金村为差。以碗、盘类器物的内腹和盖类的盖面等刻划花为基本特征，纹饰以粗刻划结合篦划纹，总体上较为粗糙。少量的碗类器物外腹有直条纹，纹饰较细密。外底不施釉，主要以泥质垫饼在M形匣钵中装烧。

黄岩的窑址群主要集中在沙埠地区，称为沙埠窑址群，由近10处窑址构成，规模庞大。该窑址群实际也有粗精两种类型的窑址，其中以生产精细产品的窑址为主，包括竹家岭、凤凰山、金刚堂、下山头、窑坦、下余窑址等；生产粗放类产品的窑址则以大藤坤山与蓝田山窑址为代表。产品均以碗、盘等日用器物为主（图6-53、图6-54）。其中精细类产品器形更加丰富，大型盘类器物的比例较高，胎质细腻坚致，釉色青绿，施釉均匀，釉面莹润而洁净，通体施釉。流行纹饰装饰，一般作双面刻划。纹饰题材丰富，有云龙、花鸟、花卉等类。云龙纹图案结构严谨，形神兼备；花鸟类的双凤纹、莲池鸳鸯、蝶恋花等构图巧妙，疏密有致，富有动感；花卉类素材有山菊花、宝相花、玉兰、百合、折枝荷花、桃花、秋叶、杜鹃花等，此外还有针点篦状纹、曲折纹、席纹等。窑具主要有匣钵与垫圈等，匣钵为M形，以垫圈单件装烧为主，亦有多件叠烧。粗放类器物器形简单，主要是敞口的碗。胎质较粗，夹杂有一定数量的细砂。釉色青黄，多数器物外腹施釉不及底。纹饰较为简单，主要是粗率的内腹刻划纹。装烧基本为明火叠烧，使用较矮的喇叭形支烧具支烧。

（三）温州地区

包括苍南的泰顺玉塔窑址群、苍南大小星垟窑址群、瑞安的外三甲以及北边乐清的瑶岙窑址等。

泰顺玉塔窑址群已接近于福建边界，其产品是以碗为主的日用器物（图6-55、图6-56）。胎体一般较厚，且底部往往厚于口部。胎色主要是灰白和青灰色，多数胎质细密坚致，部分较粗疏，夹杂有颗粒物并有较大的气孔。釉色不纯，有青黄、青灰以及青绿的差别，少量较精致的器物釉色较为青翠，呈翠青色，少数器物釉面粗糙，并有开裂与脱釉现象。外底不施釉，内底有涩圈，使用圆柱形支垫具明火叠烧。盛行花纹装饰，内壁多见用竹签类工具划成的纹饰，线条粗放，构图简洁，常见的有篦状纹和卷草、曲线组成的花纹，外壁则常见直条或成组斜直条刻纹，在少数器物上也有莲瓣纹出现。[7]

苍南大小星垟窑址群位于苍南县，在浙江与福建交界处。[8]大星垟窑址位于苍南县原昌禅乡大星垟村南的碗坑山北坡，四周群山环绕，面积在4000平方米以上。小星垟窑址位于苍南县藻溪镇小星垟村后的山坡上，与大星垟窑址

图 6-55　泰顺玉塔窑址出土标本

图 6-56　泰顺玉塔窑址出土标本

⑦　浙江省考古所，温州地、市文管会：《浙江泰顺玉塔古窑址的调查与发掘》，《考古学集刊（第1集）》，中国社会科学出版社，1981年。

⑧　王同军：《浙江温州青瓷窑址调查》，《考古》1993年第9期。

相距约 2.5 千米。两地环境接近，堆积层厚，产品类型主要包括青瓷与青白瓷两种，其中大星垟兼烧黑釉瓷器、小星垟以青白瓷为主。青瓷器形有碗、盘、碟等，以碗为大宗。胎色浅灰，胎质粗；釉色多呈青灰或青黄，釉层薄而较均匀，玻璃质感强，外腹施釉不及底；流行纹饰装饰，碗、盘类大口器物内腹刻划花加以篦划纹，外腹多为直条纹。窑具有支烧具、M 形匣钵。装烧包括涩圈叠烧和匣钵单件烧两种。

外三甲窑址位于浙江省瑞安市梅屿乡外三甲村。产品以碗为主，外腹刻直条纹，较乱；内腹饰缠枝菊花，常见印花技法。M 形匣钵单件装烧为主，外底不施釉。

碗窑山窑址位于乐清市原瑶岙乡瑶岙村的碗窑山，离海不远。产品类型包括青白瓷与青瓷两种。青瓷器形以碗、盘为主。胎质粗；施釉较均，外腹施釉不及底，内底有涩圈；流行纹饰装饰，内腹刻划云纹、花卉等加以篦划纹，外腹多为直条纹。装烧方式为明火叠烧。[9]

（四）其他地区

在杭州西部的建德、桐庐一带，以及台州北部的天台一带，亦有部分烧造翠青釉瓷器的窑址分布。

大白山窑址位于杭州市建德市新安江街道章家村高塘坞大白山西南坡，这里已进入新安江流域，窑址规模比较大。产品主要是碗、盘类器物，胎釉质量相对比较高，外腹直条纹，内腹粗刻花加篦划纹。窑具主要是漏斗形匣钵，单件装烧或多件叠烧。[10]

寺堂山窑址位于杭州市桐庐县江南镇窄溪行政村古城自然村的寺堂山。产品以碗类器物为主，胎釉颜色均比较暗，质量较粗，外腹为较杂乱的细直条纹，内刻简单的篦划纹。内底有涩圈，基本为明火叠烧。[11]

天台的黄家塘窑址位于天台县雷峰乡黄家塘村。产品主要是碗，部分产品内腹刻简单的篦划纹。这是以烧造越窑青瓷为主的窑场，部分产品可能受到龙泉窑刻划、篦划装饰的影响。类似的情况沿曹娥江深入到了嵊州以及上虞的窑寺前窑址群等。

⑨ 王同军：《浙江温州青瓷窑址调查》，《考古》1993 年第 9 期。
⑩ 建德市第三次全国文物普查办公室：《建德古窑址》，西泠印社出版社，2012 年。
⑪ 枫庐博物馆：《古窑寻踪——桐庐民窑调查》，西泠印社出版社，2016 年。

（五）小结

以上是浙江地区两宋之际双面刻划花工艺制品流布的初步整理情况，在龙泉以外的地区，产品普遍可以划分成精粗两大类。精细类产品的胎釉、装饰技法、纹饰题材、图案布局等特征与龙泉地区的制品较为接近，仅少量的题材略有区别。装烧工艺上普遍使用M形匣钵单件烧造，亦与龙泉地区相似，但装烧方法有所区别。龙泉地区均为外底不施釉，以泥质垫饼垫烧；黄岩地区则满釉垫圈垫烧，器物与垫圈之间以长泥条间隔。M形匣钵与垫圈垫烧更早出现于越窑地区，其中M形匣钵在唐代即已广泛使用，而垫圈垫烧则流行于整个北宋时期，在南宋的低岭头类型仍有使用，这种装烧方式应该是越窑的伟大发明及标志性的特征。龙泉窑在北宋中期前后开始持续的窑业生产，其窑业技术更多是来源于越窑地区，无论是窑具还是装烧方式均与越窑十分接近；到了北宋中期后段开始转变为器物外底不施釉，并以泥质垫饼代替垫圈，逐渐与越窑拉开距离；在两宋之际几乎完全采集泥质垫饼的垫烧方式。

黄岩沙埠窑址群的垫圈工艺无疑也来源于越窑，是越窑工艺的一种延续。该地区在唐及北宋时期即受越窑影响，其生产的越窑系产品除去胎土因素，在器形、装饰、装烧等工艺特征上都与越窑十分接近，具有良好的越窑系青瓷生产基础。北宋晚期，越窑中心窑场的衰落使其辐射能力大为减弱，而这一时期龙泉窑则强势崛起并向外扩张，进入生产越窑系产品的台州地区。该地区因此出现了具有混合因素的产品，即器形、胎釉特征、装饰方法等与龙泉窑更为接近，而在装烧方式上保留了越窑的技术。这是两个文化边缘地带特有的现象。

粗放类的产品甚至亦放弃使用匣钵，器形简单、胎釉质量差、装饰粗率，外底不施釉，明火叠烧。这种差别更可能是时代不同所造成，即粗放类产品是精细类产品的延续。因此粗放类产品的下限可能会比较晚，而不限于南宋早期。

从北宋晚期到南宋早期以双面刻划花为特征的青瓷产品的流布上来看（浙江与福建两省的流布），这类产品的生产中心应该在龙泉地区，出现时间早、规模大、产品种类丰富、质量高超、工艺成熟；从其在浙江地区的分布区域上来看，也主要集中在浙西与浙南地区，与晚期龙泉窑的分布区域基本重叠。因此我们认为这路产品应该是在龙泉地区创烧后向浙江其他地区辐射出去的。

六　福建地区烧造翠青釉龙泉窑瓷器窑址^⑫

福建地区烧造陶瓷的历史悠久，窑业面貌十分复杂。商周时期就开始烧造原始青瓷，发现有武夷山市竹林坑原始青瓷窑址、德化县辽田尖山原始青瓷窑址等一批原始青瓷窑址。还发现了一些具有一定规模的东汉时期成熟青瓷窑址，如福州怀安窑、晋江磁灶窑等。宋代之后，由于优越的地理位置以及海外销售需求，福建地区发展成为外销瓷的重要产区，窑址星罗棋布，有主要仿烧龙泉窑青瓷的窑、仿烧景德镇窑青白瓷的窑，本地还形成了一个以建窑为中心的庞大黑瓷生产体系。入元以后，福建三大釉色产品的平衡被打破，黑釉瓷窑场大大萎缩，南宋时期那种釉色呈青绿、青黄、青褐色等深浅不一且釉层较薄的篦划纹青瓷器也基本消失。部分窑址从南宋开始生产厚釉青瓷产品，到了元代则发展迅速。明清时期还大量烧制青花瓷器。各种釉色应有尽有，种类繁多。

根据历年的考古调查和发掘材料，福建地区宋元明时期青瓷窑址仿烧的龙泉窑产品可以分成两类：第一类是薄的透明釉青瓷，即翠青釉瓷器，主要流行于北宋晚期至南宋初期，延及元代早期；第二类是厚的乳浊釉青瓷，时代主要集中在元代晚期至明代早期。

翠青釉瓷器类型在福建地区亦称"珠光青瓷""同安窑系青瓷""土龙泉"等，大致可以划分成闽北、闽东、闽南三个大的分布区域。闽北地区有松溪回场、浦城碗窑背和半路、顺昌河墩、武夷山遇林亭、建阳建窑和白马前、南平茶洋、将乐万全；闽东地区有霞浦栏九岗和坑头厝、连江已古和魁岐、福清东张、莆田庄边；闽南地区有同安汀溪，厦门后溪碗、垄仔尾、东瑶、周瑶，晋江磁灶，南安南坑、罗东，漳浦南山、竹树山、赤土、石寨，东山后壁山、后劳山等诸多窑址。

---

⑫　羊泽森：《福建宋元青瓷及相关问题的初步探讨》，《东方博物（第六十辑）》，中国书店，2016年；栗建安：《福建古窑址考古五十年》，《陈昌蔚纪念论文集（陶瓷）》，财团法人陈昌蔚文教基金会，2001年；栗建安：《福建仿龙泉青瓷的几个问题》，《东方博物（第三辑）》，杭州大学出版社，1999年；刘净贤：《福建仿龙泉青瓷及其外销状况初探》，《故宫博物院院刊》2013年第5期；刘净贤：《试论宋元明时期闽北地区的仿龙泉青瓷》，《考古与文物》2020年第1期。

（一）松溪回场窑址

回场窑址位于福建省松溪县松源街道西门村回场自然村东边的山坡上（图6-57）。松溪与龙泉的直线距离仅70千米。"回场"在当地方言里是制碗场所之意。1958年、1997年对该窑址进行过调查和试掘，出土并采集窑具托座与青釉、褐釉瓷器。[⑬]2016年6月下旬至8月上旬，福建博物院文物考古研究所、松溪县博物馆联合组成松溪西门窑考古队，对西门窑址展开调查勘探和试掘工作。窑址仅存山顶部分，山坡中、下部均被破坏。此次调查勘探共布设探沟6个，清理断面2个。该窑址主要烧制青瓷，兼烧黑釉瓷、酱釉瓷以及陶器。器形主要有碗、盘、碟、罐、壶、杯、瓶、灯盏、炉、枕等日常用具。器物施釉均匀，釉薄，玻璃质感强。釉色以青黄、青绿、青褐色多见，有少量黄褐色釉，布满冰裂纹，多见细小的气泡或砂眼，瓷胎多呈浅灰和灰色。部分器物在腹、足交界处有聚釉现象，釉厚处呈青褐色。器物一般内施满釉，大部分外部施釉不及底，也有部分足端裹釉。青瓷仅少数素面，器物装饰有双面或单面刻划、篦划，纹样题材有荷花、卷草、团菊、蕉叶、牡丹、水波、婴戏以及文字等（图6-58、图6-59）。从产品风格来看，其年代从北宋晚期一直延续到南宋中期。装烧工艺上，西门窑大部分器物使用M形匣钵，早期基本采用单件装

图6-57　福建松溪回场窑址

⑬　福建省博物馆：《福建松溪回场北宋窑址试掘简报》，《考古学集刊（第2集）》，中国社会科学出版社，1982年。

6-58

6-59

图 6-58　福建松溪回场窑址采集标本
图 6-59　福建松溪回场窑址采集标本

烧，到后期才有 2~3 件叠烧，一般下面两件的内底会留有四枚叠烧的间隔泥点痕迹，最下面一件的圈足内用垫饼与匣钵间隔。亦有少量较高大的器物采用支烧具明火裸烧。西门窑的窑炉内宽达 3.1 米，大大超过福建宋代窑炉的宽度（2~2.6 米）；西门窑的窑底坡度比较平缓，与福建宋代窑炉坡度都在 20° 以上差别也较大，而与浙江窑炉技术比较接近。西门窑址出土的青瓷胎釉质量、形态特征、装烧技艺等都与龙泉窑非常接近，龙泉窑对西门窑的影响已经到窑业技术这一较深的层次。[⑭]

在闽北地区有一批窑址的基本面貌和内涵与回场窑相近，例如建阳白马前窑、浦城碗窑背窑址和半路窑址等。

（二）武夷山市遇林亭窑址

遇林亭窑址位于闽北武夷山市中部地区，在武夷山风景区北侧，地处星村乡燕子窠自然村与武夷山镇白岩自然村交界处的群山之中。该窑址于 20 世纪 50 年代文物调查时被发现，窑场规模大，从白岩村西南约 1 千米，沿山谷小溪共发现 6 处延绵的山头有窑址分布。1998 年 9 月至 2000 年 1 月对该窑址进行了第一次抢救性考古发掘，发掘面积 3317.5 平方米，揭露有叠压打破关系的窑炉遗迹 2 处和作坊遗迹 1 处，发现墙基、淘洗池、水沟、水井等，其中有两座保存较好的龙窑，出土大批陶瓷器标本，取得重要收获。2011 年 11 月，福建博物院文物考古研究所与武夷山市博物馆又对一号、六号窑址进行了调查，这两处窑址主要烧黑釉瓷和青白瓷。[⑮]第一次考古发掘揭露的龙窑 Y1，斜长 73.2 米、内宽 1.15~2.2 米，窑底坡度为 13°~26°，中部有出烟室，证明至少有两处窑炉叠压，考古报告中称为"长窑炉"和"短窑炉"。长窑炉主要烧制黑釉瓷器，短窑炉主要烧制青白瓷，也兼烧青瓷。短窑炉打破长窑炉，出土的青瓷器形有碗、盘、杯、碟、罐、灯盏等日常用品。胎色以浅灰、灰白为主，釉色多青、灰青，也有青绿或青黄，釉面多冰裂纹。器物内部施满釉，外部施釉不及底。器物多为素面，也有少数装饰纹样。内腹主要装饰篦划纹、水波纹、草叶纹，外侧为直条纹。少量器物，如碗、碟上还装饰墨书文字。无论青瓷还是

⑭ 羊泽林、杨敬伟：《福建松溪县西门窑发掘收获》，《东方博物（第六十四辑）》，中国书店，2017 年。
⑮ 中国国家博物馆水下考古研究中心、福建博物院文物考古研究所、武夷山市博物馆：《武夷山古窑址》，科学出版社，2015 年。

黑瓷、青白瓷，装烧皆使用漏斗形匣钵。[16]发掘报告认为窑址的年代不晚于南宋中期。窑址出土有墨书"丙寅六月前宅买置"字样的青瓷标本，栗建安先生认为"丙寅"可能是开禧二年（1206）。[17]

（三）同安汀溪窑址

汀溪窑址位于厦门市同安区汀溪水库，是一个拥有众多窑址的大窑场。1956年修建水库时被发现，福建省文物管理委员会对其进行了简单的调查和标本采集[18]，陈万里先生考察后证实为著名"珠光青瓷"产地[19]。2002年对窑址进行全面调查，发现相对独立的遗物堆积11处，主要分布在库区南部西岸及西南部山岙，库区西岸、上游及东岸南部尚保留少量遗物堆积及窑炉遗迹。汀溪窑以库区南端靠近堤坝的西岸堆积最为丰厚，相连数座山包，面积约4万平方米，暴露的龙窑残基有8处。2002年1月至2月，福建省博物馆与厦门市博物馆对窑址西南部的两座窑炉进行发掘（编号Y1、Y2），其长度均超过50米，宽2.5~2.6米，以烧造青瓷、青白瓷的碗、碟、洗为主。Y1前部之上同向叠压着元代续建的窑炉遗迹（编号Y3）。库区西南部山岙内及西部分布有5处窑址，面积约2万平方米，除发现4处龙窑遗迹外，尚见两处以黏土夯筑的馒头窑遗迹。以烧制青瓷、白瓷及青白瓷为主，亦有少量黑釉及酱釉瓷，延烧宋元两代。宋代青瓷占多，器形以碗、盘为大宗，还有碟、盏、洗、杯、钵、瓶、执壶、盒、砚、水注、灯、擂钵及小瓷雕等。纹饰以刻划卷草纹盛行，还有刻划的莲荷牡丹纹、莲瓣纹、树叶纹、网格纹、水禽纹及纤细划花纹。其中一类内壁刻划卷草篦点纹及外壁饰粗篦纹的青黄釉盏在宋代销往日本，被誉为"珠光青瓷"。装烧窑具使用漏斗形匣钵（少数筒形匣钵）、垫柱和垫钵、垫圈、垫饼等。[20]

以上只是福建地区仿龙泉翠青釉瓷器的三个典型窑址群，福建地区此类型的窑址远不止这几个。虽然有部分窑址的产品较为精细，但是大部分的福建仿龙泉青瓷产品制作上都不如龙泉青瓷。整体而言，福建仿龙泉青瓷胎质较为粗糙，釉色偏暗偏黄，不如龙泉青瓷釉色翠绿；大部分窑场的产品外壁施釉不及

---

[16] 福建省博物馆：《武夷山遇林亭窑址发掘报告》，《福建文博》2000年第2期。

[17] 栗建安：《宋元时期福建北部的青瓷及相关问题》，《北宋龙泉纵论》，文物出版社，2018年。

[18] 福建省文物管理委员会：《同安县汀溪水库古窑址古瓷器调查记》，《文物参考资料》1958年第2期。

[19] 陈万里：《调查闽南古代窑址小记》，《文物参考资料》1957年第9期。

[20] 厦门市人民政府门户网站。

底；器形种类单一，以碗、盘、碟、杯类日用器为主，少有龙泉窑常见的陈设类器物、香具、文房用品等；部分窑址的器物是素面，也有部分饰以刻划花卉和篦划纹，但是图案相对于龙泉窑更为简约草率；基本不见龙泉窑的镂空、贴塑等技法。福建窑场仅流于对龙泉青瓷造型、釉色、装饰的简单模仿，而在体现窑业技术传承的核心领域——装烧方面则多未加借鉴：福建青瓷窑场多采用景德镇、广东地区常见的漏斗形匣钵，采用龙泉窑系统M形匣钵的窑场仅局限在与龙泉毗邻的松溪、浦城、建阳等零星几处窑址，以及东南沿海的泉州、厦门、漳州东山湾周围个别窑口。龙泉窑种类繁多的间隔具、垫具，尤其是不惜工本的瓷质垫饼，则基本未影响到福建诸窑。由此可见，福建仿龙泉青瓷仅停留在局部，或者说是表面层次上，并未从根本上全面学习。[21]

七　江西地区烧造翠青釉龙泉窑瓷器窑址

江西地区仿烧龙泉青瓷的窑址主要集中在赣东地区，赣西主要有元代萍乡南坑窑址。20世纪80年代，江西省文物工作队对江西萍乡南坑古窑进行调查，采集的标本主要有青釉瓷和青白瓷。青瓷产品胎质与青白瓷相类同，多厚实凝重；釉色薄厚不均，多有流釉现象；器形多碗、盘、碟、盏、高足杯等。青瓷器上采用划花装饰，图案有牡丹、卷草、仰莲、兰草、游鱼等。采用涩圈叠烧法进行装烧。南坑窑也仅是对龙泉窑的浅层次模仿。[22]

2020年，复旦大学与江西省文物考古研究院对信江流域进行了系统调查，确认一批烧造龙泉窑青瓷的窑址，最早的产品为北宋晚期翠青釉刻花瓷器。主要是广丰的高庄与高阳两窑址群。

高庄窑址群位于江西东部上饶市广丰区高庄村，这里邻近福建，地势比较高，在山岙里至少确定有4处窑址（图6-60）。产品面貌较为一致，均为双

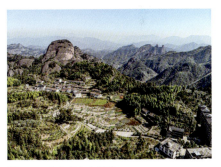

图6-60　广丰高庄窑址群

㉑　刘净贤：《建仿龙泉青瓷及其外销状况初探》，《故宫博物院院刊》2013年第5期。
㉒　江西省文物工作队：《江西萍乡南坑古窑调查》，《考古》1984年第3期。

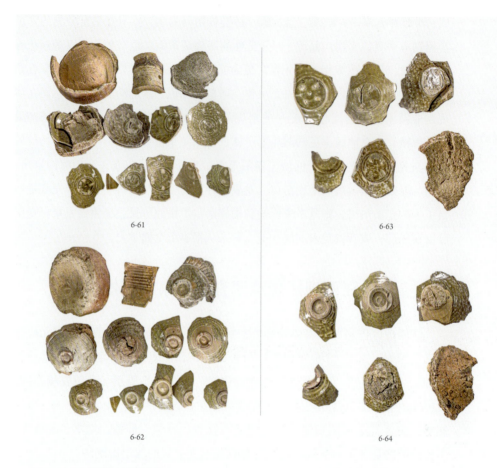

6-61

6-63

6-62

6-64

图 6-61　广丰高庄窑址群采集标本

图 6-62　广丰高庄窑址群采集标本

图 6-63　广丰高阳窑址群采集标本

图 6-64　广丰高阳窑址群采集标本

面刻划花的翠青釉时期青瓷（图6-61、图6-62）。产品以碗占绝大多数，内腹刻划简单的缠枝花卉并填以篦划纹，外腹为较杂乱的直条纹。胎与釉色均较深，质量一般。外底不施釉，使用M形匣钵装烧。

　　高阳窑址群离高庄窑址群不远，从采集的标本来看，质量不如高庄窑址群（图6-63、图6-64）。素面比例比较大，普遍使用M形匣钵内多件叠烧，最下面一件外底使用陶质垫饼垫烧。

　　在武夷山西麓的抚河流域亦有一定数量的此类青瓷窑址分布，但产品面貌变化比较大，尤其是在纹饰等方面，多数器物更加简化。典型的有江西省金溪县的小陂窑址群，坐落在金溪县对桥镇朱家村委会潭溪徐家村小组，地处平峦小山，高出周边水田10余米。窑址群包括下山、洪水坑、童年弯、坟头山、吴家源、小陂、添金包、社公上和张家堰等诸多窑址，窑业堆积比较厚，散布着瓷片、窑具等大量窑业废品。产品主要包括青瓷和青白瓷两大类，有极少量黑釉瓷器。青瓷与青白瓷在器形、装饰以及装烧工艺上十分接近，主要器形为碗，内腹刻篦划纹，外腹部分器物有直条纹。装烧方法有匣钵单件仰烧、涩圈叠烧等。[23]

小　结

北宋晚期龙泉窑翠青釉瓷器的窑业中心为金村地区。

金村地区烧造的翠青釉瓷器产品种类最为丰富，除碗、盘、碟类器物外，还包括各种类型的炉、瓶、罐、执壶、盒子、夹层碗、梅瓶、五管灯等。许多器物器形大、制作复杂，每种器物又有许多不同的造型。而其他窑场烧造的产品基本为碗、盘、碟类器物，种类单一，器形简单。

从胎釉特征上来看，金村地区高质量的器物釉色青翠，釉面较为莹润，可以称之为翠青釉瓷器。而这类器物基本上仅见于金村地区，其他地区的明显略逊一等，更多呈青绿或青黄色，甚至较暗的青色，釉面相对较为干涩，或玻璃质感强而莹润度不够。

从装饰上来看，金村地区的装饰最为复杂，构图层次感强，主次纹区分明显，技法娴熟，线条流畅，粗刻花多用清晰的"半刀泥"技法，并辅以大量的篦划纹或篦点纹。其他地区纹饰的复杂性、技法的娴熟性以及构图的层次感、线条的流畅性等明显不如金村地区。

从发展序列上来看，北宋晚期至南宋时期金村地区刻划花工艺、胎釉的变化序列非常清晰，时代感极强。而在其他地区延续的时间通常较金村地区为长，尤其是在浙江以外地区，通常延续到了南宋时期，可以看到明显的滞后性。

综上所述，金村以外地区北宋晚期青瓷器的胎釉质量、装饰的复杂性等随着与金村的距离拉远而不断下降，持续时间则更长，滞后性也更加明显。金村是北宋晚期此类产品的窑业中心，是技术的创新者与引领者，其他地区均是受金村地区窑业技术的辐射而形成的。随着与金村距离的增加，地方性特征会更加明显，从而形成一些地方类型，如沙埠窑、同安窑等。

---

[23]　吴泉辉：《江西金溪窑》，二十一世纪出版社集团，2017年。

第
七
章

龙泉窑翠青釉瓷器
基本特征

　　龙泉金村地区的淡青釉瓷器在北宋中期偏晚阶段有一个逐渐衰落的过程，北宋晚期代之以一批釉色青绿的翠青釉瓷器，其面貌与北宋中期的淡青釉瓷器发生了极大的变化。按照器形及装饰风格，北宋晚期的翠青釉瓷器亦可划分成前后两个阶段。

　　产品包括碗、盘、碟、执壶、五管灯、盒等，以碗、盘、碟类为主，与北宋中期相比，造型发生了较大的变化：器形大型化且更加厚重，尤其是器物的底部明显加厚，部分碗类器物的圈足变高，但足壁仍旧较直；无论是碗还是盘，侈口的比例有所增加，甚至斗笠碗亦见有相当比例的侈口造型；碗、盘类的花口造型较为少见；执壶发生了明显的变化，从瘦高演变成较为矮胖，但出筋的屏风式布局风格仍旧保留。

　　装饰极为发达，广泛见于碗、盘类大口器物的内底与内腹部或内底与内外腹，碟类器物的内底，执壶、罐类小口器物的外腹部，宽沿类器物沿面，这种双面装饰的技法习称双面工。以刻花技法占据绝对的主流，题材主要是缠枝花卉、莲瓣纹、折扇纹，少量的篦点纹、蕉叶纹等。一般满饰于装饰器物的内外腹，除主体纹饰外，还见有大量的篦划纹、篦点纹等作为地纹，纹饰层次分明，主次清晰。花卉中新出现缠枝菊瓣纹并被广泛使用，多朵组合布局于碗、盘的内腹、盖面、执壶、瓶、罐等器物的外腹等，纹饰深而清晰，布局严谨；莲瓣纹则多不再鼓凸于器物表面，以粗线刻划轮廓，内填以极细的茎络纹，一般见于器物的外腹部；缠枝花卉与折扇纹一般组合出现，前者见于碗、盘类器物的内腹，后者见于外腹部；篦点纹多作为粗刻划花的地纹；

蕉叶纹则较前期略为简洁，大片状布局于碗类器物的外腹部。

　　胎釉亦发生了极大的变化。灰白色胎，细腻坚致，气孔较少。釉色以较深的青中泛翠的青绿色为主，部分釉色泛黄而呈青黄色，施釉均匀，釉层较厚，釉面匀净莹润而饱满。胎釉结合好，极少生烧与剥釉现象。

　　装烧工艺由北宋中期后段的明火叠烧为主变成以一匣一器的匣钵单件装烧为主，几乎所有的器物外底不施釉，以泥质小圆饼垫烧。匣钵以 M 形占绝大多数，少量为平底匣钵。支烧具基本不再使用，以匣钵代替，即最下面的匣钵不放置器物而具有支烧具的功能。

　　北宋翠青釉瓷器前后两段最大的变化在于装饰方面呈逐渐简化的趋势，其中晚段流行以篦点纹为地的刻花纹饰，团花亦更加简化，部分仅剩寥寥数笔，且较为杂乱无章。翠青釉瓷器在北宋晚期开始传播到大窑地区，在北宋末南宋初年扩散到石隆、溪口与龙泉东区，从而开始迎来龙泉窑的大发展时期。部分产品胎釉质量极高、装饰华丽、器形端庄，符合文献记载的"制样须索"的特征。北宋晚期的翠青釉瓷器是龙泉窑从地方性窑口成为全国性大窑场、从产品仅限于地方使用到成为宫廷用瓷的重要标志。

一　翠青釉瓷器器形基本特征

（一）金村地区

　　金村地区翠青釉瓷器主要器形有碗、盘、盒、盂、执壶、罐、五管灯、熏、盘口壶、五管瓶等。整体上胎体较淡青釉瓷器更厚重，尤其是底部与圈足。圈足多较粗矮，足壁较直，足端较为方平。

　　碗、盘两类器物是最主要的器形，几乎占据了这一时期出土器物的绝大多数，其他器物相对比较少。

　　1. 碗

　　最主要的器形。包括侈口碗、敞口碗与近直口碗等，不同口沿的碗腹部与圈足又各异，造型较为丰富。

　　侈口深弧腹高圈足碗　尖圆唇，侈口，深弧腹，平底，圈足较细高。外腹均装饰以直条纹，整体上较为细密；内腹或刻复杂的花卉纹饰，有团菊（图7-1~图7-3）、缠枝花（图7-4），常见以篦划纹作为地纹与花卉的茎络纹，亦见有简单的出筋（图7-5）或素面。

7-1

7-2

7-3

7-4

7-5

7-6

7-7

7-8

　　侈口深弧腹矮圈足碗　尖圆唇，侈口，深弧腹，平底，圈足较矮。外腹均装饰以直条纹；内腹或刻复杂的花卉纹饰，常见以篦划纹作为地纹与花卉的茎络纹（图7-6～图7-8）。此类型的碗通常器形较大，外腹的直条纹较粗而疏朗。时代上可能略晚，由北宋末期延及南宋初期。

　　敞口深弧腹矮圈足碗　尖圆唇，敞口，上腹较

图7-1　侈口深弧腹高圈足碗

图7-2　侈口深弧腹高圈足碗内腹团菊与篦划纹

图7-3　侈口深弧腹高圈足碗外腹与底

图7-4　侈口深弧腹高圈足碗内腹花卉

图7-5　侈口深弧腹高圈足碗内腹出筋

图7-6　侈口深弧腹矮圈足碗

图7-7　侈口深弧腹矮圈足碗内腹纹饰

图7-8　侈口深弧腹矮圈足碗外腹

7-9

7-10

7-11

7-12

7-16

7-13

7-14

7-15

直，下腹深弧，上下腹之间有不明显的折棱，平底，圈足较矮。外腹装饰以直条纹；内腹或刻复杂的花卉纹饰，常见以篦划纹作为地纹与花卉的茎络纹、篦点纹作为花卉的地纹；内底则多为旋转的菊瓣纹（图7-9~图7-16）。

　　敞口斜直腹矮圈足碗　即敞口斗笠碗。尖圆唇，敞口，斜直腹或斜直腹略弧，平底极小，圈足较矮。

7-17   7-18   7-19

7-20   7-21   7-22

外腹装饰以直条纹，粗细不一；内腹或刻复杂的花卉纹饰，常见以篦划纹作为地纹与花卉的茎络纹、篦点纹作为花卉的地纹；内底略凸起（图7-17～图7-19）。

　　侈口斜直腹矮圈足碗　除侈口外，器形与装饰和敞口斜直腹碗相似（图7-20～图7-22）。

　　2.盘

　　最主要的器形。主要包括敞口浅弧腹盘、侈口浅弧腹盘以及敞口浅折腹盘等。

　　敞口浅弧腹盘　尖圆唇，敞口，浅弧腹，大平底，矮圈足。底足厚重。外腹装饰以直条纹；内腹或刻复杂的花卉纹饰，常见以篦划纹作为地纹与花卉的茎络纹、篦点纹作为花卉的地纹（图7-23～图7-28）。

图 7-17　敞口斜直腹碗
图 7-18　敞口斜直腹碗内腹刻花与篦点纹
图 7-19　敞口深弧腹碗外腹直条纹与外底
图 7-20　侈口斜直腹碗
图 7-21　侈口斜直腹碗内腹团花与篦划纹
图 7-22　侈口斜直腹碗外腹直条纹与外底
图 7-23　敞口浅弧腹盘
图 7-24　敞口浅弧腹盘内腹刻花与篦划纹
图 7-25　敞口浅弧腹盘外腹直条纹与外底
图 7-26　敞口浅弧腹盘
图 7-27　敞口浅弧腹盘内腹刻花与篦点纹
图 7-28　敞口浅弧腹盘外腹直条纹与外底
图 7-29　侈口浅弧腹盘
图 7-30　侈口浅弧腹盘内腹刻花与篦划纹
图 7-31　侈口浅弧腹盘外腹直条纹与外底

7-23   7-26   7-29

7-24   7-27   7-30

7-25   7-28   7-31

  侈口浅弧腹盘 尖圆唇，微侈口，器形、装饰与敞口浅弧腹盘基本一致（图7-29～图7-31）。外腹的直条纹粗细不一。

  敞口浅折腹盘 尖圆唇，敞口，浅折腹，大平底，矮圈足。外腹浅弧折棱不明显，内腹与内底之间有明显折棱。底足厚重。外腹多为素面；内底或刻复杂的花卉纹饰，常见以篦划纹作为地纹与花卉的茎络纹、篦点纹作为花卉的地纹（图7-32～图7-37）。

7-32　　　　　　　　7-33　　　　　　　　7-34

7-35　　　　　　　　7-36　　　　　　　　7-37

3. 炉

炉是这一时期除碗、盘之外比较重要的一类器物，器形丰富多样，但在金村地区历年来的考古调查与发掘中出土数量并不是很多。

盘口炉　小盘口，直腹，平底，三马蹄形足。腹与底之间以弧形过渡。盘口上有双立耳。外腹通体刻划缠枝花卉、篦划纹等复杂纹饰（图7-38）。

4. 执壶

数量极少。敛口，鼓腹，平底。带短弧形流。通体刻划花卉与篦划纹（图7-39）。

5. 杯

或为杯式炉。圆唇，直口，直腹，平底，矮圈足。底腹之间折棱明显。外腹常见交叉直条纹构成的菱形纹或直条纹（图7-40、图7-41）。

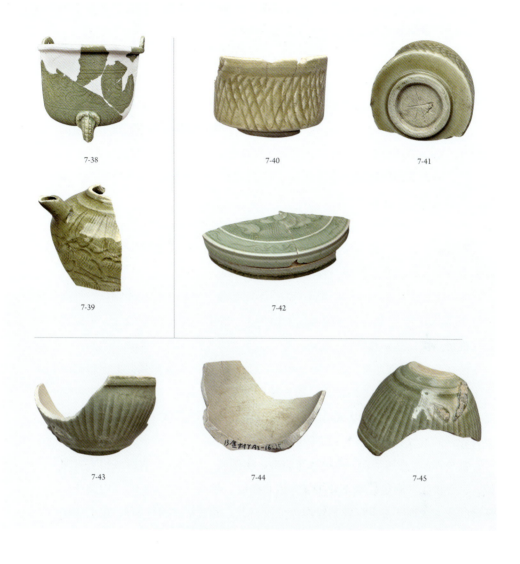

7-38   7-40   7-41

7-39   7-42

7-43   7-44   7-45

6. 盒子

数量不多。盒身均作子口，扁直腹，平底。盖与盒身近似对称，母口。盖面常见有刻花，以篦划纹或篦点纹为地纹。外底不施釉，盒身口沿与盖沿刮釉套烧（图7-42）。部分盒身内腹置多个小碟。

7. 碾钵

数量不多。厚方唇，敞口，深弧腹，小平底。外腹常见有直条纹或交叉直条纹组成的菱形纹。内腹不施釉，外底刮釉（图7-43~图7-45）。

此外，从墓葬等材料来看，金村地区翠青釉瓷器的器形还有五管瓶、梅瓶、小罐、堆塑瓶，但在窑址中出土数量比较少。

（二）大窑地区

大窑地区翠青釉瓷器的器形与金村地区基本接近，但丰富程度不及金村地区，尤其缺少炉、梅瓶等高端的瓷器。大窑地区无论是器形的丰富性、体量的巨大性，还是胎釉质量的高超性、装饰的复杂性等，均不及金村地区。

碗、盘两类器物是最主要的器形，几乎占据了这一时期出土器物的绝大多数，其他器物相对比较少。

1. 碗

数量最多，包括侈口深弧腹高圈足碗、侈口深弧腹碗、敞口深弧腹碗、侈口斜直腹碗、敞口斜直腹碗、直口直腹盖碗。

侈口深弧腹高圈足碗　尖圆唇，侈口，深弧腹，平底，圈足较细高。外腹以装饰直条纹为主（图7-46）；内腹以素面为主，亦有简单的刻划纹饰，填以篦划纹或篦点纹，亦见有简单的出筋（图7-47）等。

敞口深弧腹矮圈足碗　尖圆唇，敞口，上腹较直，下腹深弧，上下腹之间有不明显的折棱，平底，圈足较矮。外腹装饰以直条纹（图7-48）；内腹或刻复杂的花卉纹饰，常见以篦划纹作为地纹与花卉的茎络纹（图7-49）、篦点纹作为花卉的地纹；内底则多为旋转的菊瓣纹。

敞口斜直腹矮圈足碗　即敞口斗笠碗。尖圆唇，敞口，斜直腹或斜直腹略弧，平底极小，圈足较矮。外腹装饰以直条纹，粗细不一（图7-50）；内腹或刻复杂的花卉纹饰，常见以篦划纹作为地纹与花卉的茎络纹（图7-51）、篦点纹作为花卉的地纹。

侈口斜直腹矮圈足碗　除侈口外，器形与装饰和敞口斜直腹碗相似（图7-52～图7-54）。

直口直腹矮圈足碗　尖圆唇，直口，直腹，下腹近底处弧收成小平底，矮圈足。外腹刻划各种花卉，填以篦划纹（图7-55、图7-56）。此类碗应是与同地层出土的子口盖配套成盖碗。

2. 器盖

主要是与直口碗配套的碗盖。浅弧拱形，宽平沿，子口，盖中心有蒂形纽。盖面刻划团菊等纹饰，填以篦划纹等（图7-57）。盖内面中心刮釉垫烧（图7-58）。

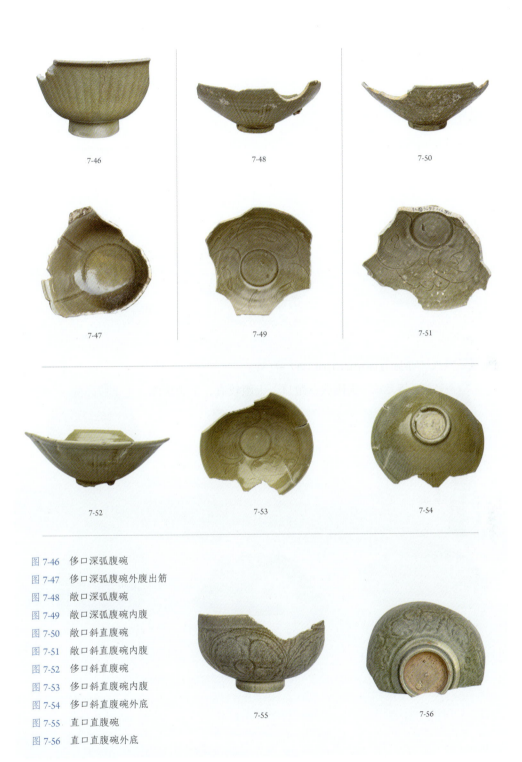

7-46

7-48

7-50

7-47

7-49

7-51

7-52

7-53

7-54

图 7-46　厂口深弧腹碗
图 7-47　厂口深弧腹碗外腹出筋
图 7-48　敞口深弧腹碗
图 7-49　敞口深弧腹碗内腹
图 7-50　敞口斜直腹碗
图 7-51　敞口斜直腹碗内腹
图 7-52　厂口斜直腹碗
图 7-53　厂口斜直腹碗内腹
图 7-54　厂口斜直腹碗外底
图 7-55　直口直腹碗
图 7-56　直口直腹碗外底

7-55

7-56

图 7-57　盖

图 7-58　盖内面

图 7-59　敞口浅弧腹盘

图 7-60　敞口浅弧腹盘内腹纹饰

图 7-61　敞口浅弧腹盘外底

图 7-62　侈口浅弧腹盘

图 7-63　敞口折沿浅弧腹盘

图 7-64　敞口折沿浅弧腹盘内腹

图 7-65　敞口折沿浅弧腹盘外底

图 7-66　钵

图 7-67　钵内腹刻花

图 7-68　钵外底

图 7-69　七管灯

3. 盘

最主要器形之一。主要包括敞口浅弧腹盘、侈口浅弧腹盘以及敞口折沿浅弧腹盘等。

敞口浅弧腹盘　尖圆唇，敞口，浅弧腹，大平底，矮圈足。底足厚重。外腹装饰以直条纹；内腹或内底刻复杂的花卉纹饰，常见以篦划纹作为地纹与花卉的茎络纹、篦点纹作为花卉的地纹（图7-59～图7-61）。

侈口浅弧腹盘　尖圆唇，侈口。器形、装饰与敞口浅弧腹盘基本一致（图7-62）。外腹的直条纹粗细不一。

敞口折沿浅弧腹盘　尖圆唇，敞口，宽折沿，浅弧腹，大平底，矮圈足。外腹多为素面；内腹或内底刻复杂的花卉纹饰，常见以篦划纹作为地纹与花卉的茎络纹（图7-63～图7-65）。

4. 钵

数量不多。尖圆唇，折敛口，深弧腹，小平底。外腹为斜向直条纹；内腹刻花卉纹，篦点纹为地纹（图7-66～图7-68）。

5. 七管灯

宽平沿，尖圆唇，直口，深腹较直，平底，矮圈足。内底有七个花蕾形管，中心一个，外圈等距分布六个，每个管近底处有一个小孔与外腹相通。外腹刻莲瓣纹，内填极细的直条纹（图7-69）。

此外，在20世纪50年代至60年代对大窑地区的发掘中，除出土碗、盘类器物外，还有执壶和瓶等（图7-70）。[1]

---

[1]　浙江省轻工业厅：《龙泉青瓷研究》，文物出版社，1989年。

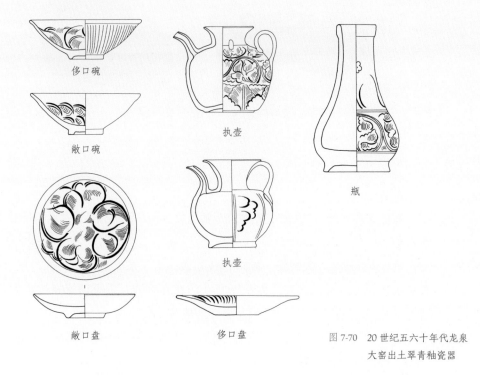

侈口碗

敞口碗

执壶

瓶

执壶

敞口盘

侈口盘

图 7-70 20 世纪五六十年代龙泉
大窑出土翠青釉瓷器

（三）石隆地区

石隆地区试掘的窑址北宋时期地层并不发达，仅在部分窑址调查采集了少量标本，因此了解的面貌并不全面。采集的标本主要是碗、盘两类器物。

1. 碗

包括敞口深弧腹碗、敞口斜直腹碗、侈口斜直腹碗等。

敞口深弧腹矮圈足碗　敞口，深弧腹，小平底，矮圈足。外腹以装饰直条纹为主（图7-71）；内腹刻划简单的花卉，填以篦划纹或篦点纹等（图7-72）。

敞口斜直腹矮圈足碗　外腹装饰以直条纹（图7-73），多较杂乱；内腹或刻复杂的花卉纹饰，常见以篦划纹作为地纹与花卉的茎络纹、篦点纹作为花卉的地纹（图7-74）。

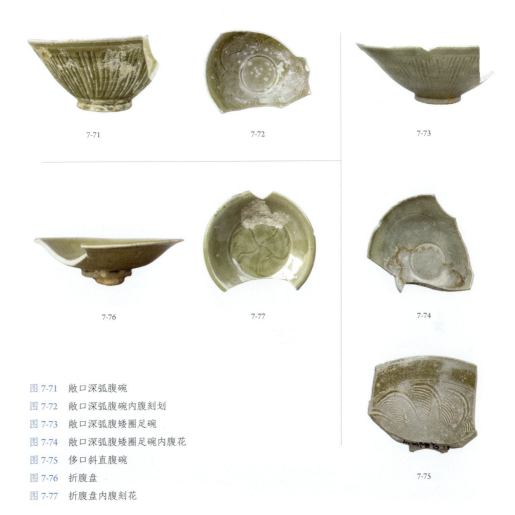

7-71　　　　　　　　　　　7-72　　　　　　　　　　　7-73

7-76　　　　　　　　　　　7-77　　　　　　　　　　　7-74

7-75

图 7-71　敞口深弧腹碗

图 7-72　敞口深弧腹碗内腹刻划

图 7-73　敞口深弧腹矮圈足碗

图 7-74　敞口深弧腹矮圈足碗内腹花

图 7-75　侈口斜直腹碗

图 7-76　折腹盘

图 7-77　折腹盘内腹刻花

　　侈口斜直腹碗　即敞口斗笠碗。内腹或刻简单的花卉纹饰，常以篦划纹作为地纹（图7-75）。

　　2.盘

　　主要是侈口浅折腹盘。尖圆唇，侈口，浅折腹，平底，矮圈足。内底刻划花卉，填以篦划纹（图7-76、图7-77）。

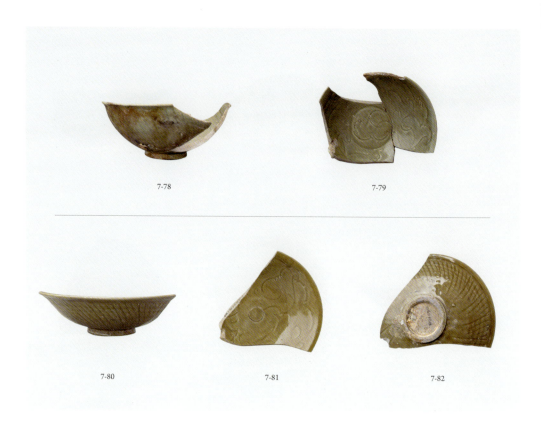

7-78　　　　　　　　　　　　　7-79

7-80　　　　　　　　　　7-81　　　　　　　　　　7-82

（四）龙泉东区

龙泉东区的翠青釉瓷器器形明显较南区更为单一，仅有侈口深弧腹碗与侈口浅弧腹盘两种类型。

侈口深弧腹碗　器形基本一致。侈口，深弧腹，平底，矮圈足。外腹直条纹较为粗疏；内腹刻划较简单花卉，填以篦划纹。器形较大，底足厚重（图7-78、图7-79）。

侈口深弧腹盘　侈口，浅弧腹，大平底，矮圈足。外腹直条纹较为粗疏；内腹刻划较简单花卉，填以篦划纹。器形较大，底足厚重（图7-80~图7-82）。

（五）金衢与杭州西部地区

金衢地区的翠青釉瓷器总体上烧造规模并不是很

图 7-78　侈口深弧腹碗
图 7-79　侈口深弧腹碗内腹刻花
图 7-80　侈口浅弧腹盘
图 7-81　侈口浅弧腹盘内腹刻花
图 7-82　侈口浅弧腹盘外底
图 7-83　侈口深弧腹碗
图 7-84　侈口深弧腹碗内腹刻花
图 7-85　侈口深弧腹碗外底
图 7-86　敞口深弧腹碗
图 7-87　敞口深弧腹碗内腹刻花
图 7-88　敞口深弧腹碗外底

| 7-83 | 7-84 | 7-85 |
| 7-86 | 7-87 | 7-88 |

大，器形单一，以碗占绝大多数，包括侈口深弧腹（图7-83~图7-85）与敞口深弧腹（图7-86~图7-88）两种。器形与龙泉南区同类型器物基本一致，但装饰更为简单，外腹多为素面，或饰极细而疏朗的直条纹；内腹刻划极简花卉，少量使用篦划纹为地。胎釉质量均较粗。

与金衢盆地邻近的建德等杭州西部地区亦有少量窑址烧造此类器物，器形更为单一，纹饰更为粗朴。

（六）温州地区

温州地区烧造翠青釉瓷器的窑址数量较金衢地区为多，但产品种类与器形比较接近。器形单一，主要是碗，包括侈口深弧腹碗（图7-89、图7-90）与敞口深弧腹碗（图7-91~图7-93）两种。装饰极为简单，外腹多为素面，或饰极细而疏朗的直条纹；内腹刻划极简花卉，少量使用篦划纹为地。胎釉质量均较粗。

7-89

7-90

图 7-89　侈口深弧腹碗
图 7-90　侈口深弧腹碗内腹
图 7-91　敞口深弧腹碗
图 7-92　敞口深弧腹碗内腹
图 7-93　敞口深弧腹碗外底

7-91

7-92

7-93

（七）台州地区

台州地区烧造翠青釉瓷器的窑址主要集中在黄岩的沙埠地区，共有10多处，规模较大，质量较高，种类较为丰富，是浙江地区除龙泉以外最重要的一个窑业烧造区。外围的天台一带亦有少量的窑址，与金衢地区一致，规模小，种类单一，质量一般。

黄岩地区的翠青釉瓷器以碗占绝大多数，亦有盘类器物。碗有侈口深弧腹碗、敞口深弧腹碗、敞口斜直腹碗、侈口斜直腹碗等，另外还有一种束口碗。盘主要是折腹盘，包括侈口浅折腹盘、敞口折沿浅折腹盘等。胎釉质量较高，满釉，使用垫圈垫烧。

1.碗

侈口深弧腹碗　侈口，深弧腹，小平底，矮圈足。外腹以装饰直条纹为主，刻划较整齐，线条较粗；内腹以刻划花卉，填以篦划纹等，花卉较为复杂，有团菊、团花以及缠枝花等（图7-94～图7-96）。

敞口深弧腹碗　敞口，深弧腹，小平底，矮圈足。外腹以装饰直条纹

7-94

7-97

7-99

7-95

7-98

7-100

7-96

7-101

7-102

为主；内腹以刻划花卉，填以篦划纹等（图7-97、图7-98）。

　　束口深弧腹碗　侈口，口沿下内束，深弧腹，圜底，矮圈足。器形较小。内腹装饰简单刻花纹饰（图7-99、图7-100）。

　　侈口斜直腹碗　即侈口斗笠碗。内腹或刻简单的花卉纹饰，或以篦划纹刻划简单花卉（图7-101、图7-102）。

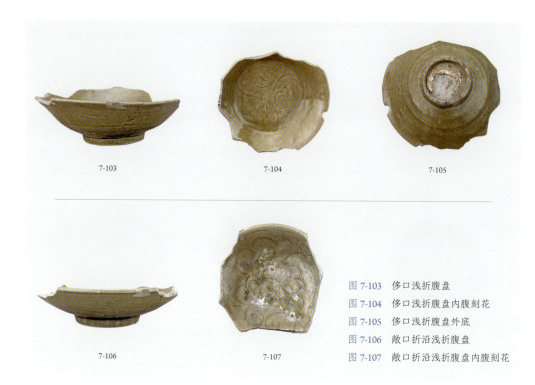

7-103　　　　　　　7-104　　　　　　　7-105

7-106　　　　　　　7-107

2. 盘

主要包括侈口浅折腹盘、敞口折沿浅折腹盘。

侈口浅折腹盘　尖圆唇，侈口，浅折腹，平底，矮圈足。内底刻划花卉，填以篦划纹（图7-103～图7-105）。

敞口折沿浅折腹盘　敞口，折沿，浅折腹，大平底，矮圈足。内底刻划花卉，填以篦划纹（图7-106、图7-107）。

（八）闽北地区

闽北地区烧造翠青釉瓷器的以回场窑址群为代表，窑址数量多，产品器形较为丰富、质量较高。代表性器物为侈口深弧腹碗、敞口深弧腹碗与敞口浅折腹盘等。

侈口深弧腹碗　侈口，深弧腹，小平底，矮圈足。外腹以装饰直条纹为主，内腹有刻划出筋等（图7-108）。

敞口深弧腹碗　敞口，深弧腹，小平底，矮圈足。外腹以装饰直条纹为

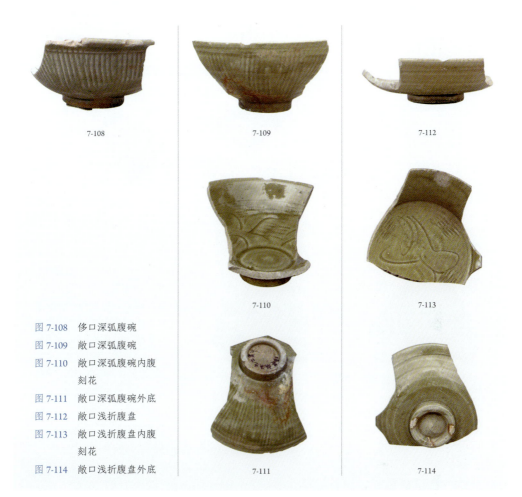

图 7-108　侈口深弧腹碗
图 7-109　敞口深弧腹碗
图 7-110　敞口深弧腹碗内腹
　　　　　刻花
图 7-111　敞口深弧腹碗外底
图 7-112　敞口浅折腹盘
图 7-113　敞口浅折腹盘内腹
　　　　　刻花
图 7-114　敞口浅折腹盘外底

7-108

7-109

7-112

7-110

7-113

7-111

7-114

主；内腹刻划花卉，填以篦划纹等（图7-109～图7-111）。

　　敞口浅折腹盘　尖圆唇，敞口，浅折腹，平底，矮圈足。内底刻划花卉，填以篦划纹（图7-112～图7-114）。

（九）闽南地区

1.碗

　　敞口，深弧腹，小平底，矮圈足。外腹以装饰直条纹为主；内腹刻划花卉，填以篦划纹等（图7-115）。

7-115   7-116

7-117

7-118

图 7-115　永春县出土翠青釉碗
图 7-116　永春县出土翠青釉瓷器
图 7-117　赣东地区出土翠青釉
　　　　　敞口浅弧腹碗
图 7-118　赣东地区出土翠青釉
　　　　　敞口浅弧腹碗外底

2. 炉

分上下两段，上段呈杯形，下段呈阶梯状的喇叭形，外腹装饰有莲瓣纹
（图 7-116）。

（十）赣东地区

赣东地区生产翠青釉瓷器的主要是江西广丰的高庄与高阳窑址群。从采集
的标本来看，器类相对单一，主要是碗类器物。敞口，浅弧腹，矮圈足。圈足
较宽厚，足端宽平。以素面为主，纹饰总体上较为简单，或仅内腹刻划纹饰，
或内外腹均有。少量器物外腹刻划直条纹，内腹刻划篦划纹、花卉纹（图 7-117、
图 7-118）。

二 翠青釉瓷器装饰基本特征

装饰极为发达，大量的刻划花是翠青釉瓷器最大的装饰特征。

广泛见于碗、盘类大口器物的内底与内腹部或内底与内外腹，碟类器物的内底，瓶、罐、执壶（图7-119）、五管瓶、梅瓶、盘口壶等小口类器物的外腹部，炉类宽沿器物的沿面上。题材主要是团菊纹、缠枝花卉、篦划纹、篦点纹、婴戏纹、禽鸟纹、海涛纹、蕉叶纹等。一般满饰于小口类器物的外腹部和大口类器物的内腹部（图7-120），也见于大口类器物的外腹部（图7-121）。碗、盘类大口器物的外腹常见直条纹（图7-122）。除主体纹饰外，还见有大量的篦划纹（图7-123）、篦点纹（图7-124）等作为地纹，纹饰层次分明，主次清晰。花卉

7-119

7-120

7-121

7-122

7-123

7-124

图 7-119　执壶外腹装饰　　　图 7-122　碗外腹直条纹

图 7-120　盘内腹装饰　　　　图 7-123　盘内腹篦划纹

图 7-121　碗外腹装饰　　　　图 7-124　盒盖面篦点纹

中新出现缠枝菊瓣纹并被广泛使用，多朵组合布局于碗、盘的内腹（参见图7-120），盖面，执壶（参见图7-119）、瓶、罐等器物的外腹等，纹饰深而清晰，布局严谨；莲瓣纹则多不再鼓凸于器物表面，以粗线刻划轮廓，内填以极细的茎络纹，一般见于器物的外腹部（图7-125）；缠枝花卉与折扇纹一般组合出现，前者见于碗、盘类

图7-125　碗外腹莲瓣纹

器物的内腹部，后者见于外腹部；篦点纹多作为粗刻划花的地纹；蕉叶纹则较为简洁，大片状布局于碗类器物的外腹部。

以刻花技法占据绝对的主流，一般使用斜刀法刻划出轮廓，部分器物再以篦划纹为茎络与地纹，也有以篦点纹为地纹的。线条极其流畅。

三　翠青釉瓷器胎釉、成型与装烧基本特征

与淡青釉瓷器相比，翠青釉瓷器的胎釉发生了极大的变化。胎由灰白色变成浅灰或青灰色，普遍较淡青釉瓷器更深，胎质细腻坚致，气孔较少（图7-126）。釉色以较深的青中泛翠的青绿色为主，部分釉色泛黄而呈青黄色，施釉均匀，釉层较厚，釉面匀净莹润而饱满。胎釉结合好，极少生烧与剥釉现象。

成型工艺以快轮拉坯占绝大多数，基本一次成型（图7-127），结合修坯工艺。把、流、耳、足等附件一般为拼接而成，或模制（图7-128）或手捏。部分异形器物如方瓶（图7-129）、四方炉（图7-130）、六边形的炉则使用模制后再拼接而成。

装烧上广泛使用匣钵（图7-131），龙泉地区多使用一匣一器的匣钵单件装烧，龙泉以外地区则普遍使用匣钵内叠烧工艺（图7-132）。几乎所有的器物外底均不施釉，以泥质小圆饼垫烧（图7-133）。匣钵以M形占绝大多数，少量为平底匣钵。支烧具基本不再使用，以匣钵代替。叠烧器物之间使用泥点间隔，泥点数量较少，一般为等距分布的四点（参见图7-114）。

7-126

7-127

7-128

7-129

7-130

7-131

7-132

7-133

图 7-126　翠青釉瓷器的胎

图 7-127　执壶内腹拉坯痕

图 7-128　模制的炉足

图 7-129　方瓶内腹制作痕迹

图 7-130　方炉的模印痕

图 7-131　M 形匣钵

图 7-132　匣钵内碗叠烧

图 7-133　碗外底泥饼

第八章

龙泉窑翠青釉瓷器窑业技术来源及其时代

要探索北宋晚期龙泉窑翠青釉瓷器的窑业来源，首先需要对北宋晚期全国的窑业进行一个简单的梳理。

一　北宋晚期国内主要窑口的特征

北宋晚期国内主要的窑口有越窑、耀州窑、湖田窑与定窑等。

（一）两宋之际越窑的刻划花工艺

越窑在北宋中晚期，无论是胎釉质量还是装饰技法，均有一个明显的衰落过程。到了北宋晚期，胎粗色深，釉色青黄而釉面干涩。虽然仍旧流行较多的纹饰装饰，但技法与构图更加粗率。

到了南宋早期或两宋之际，越窑所谓的低岭头类型青瓷产品在面貌上非常复杂，与传统越窑相比发生了巨大的变化。从釉色上可以分成两种，即传统的青釉与新出现的乳浊釉。[①]其中传统的青釉瓷器又可分成两类。

一类器物以青灰色为基本格调，或呈青灰，或呈豆青，或呈青黄色。多数器物釉色较差，质感不强，滋润感不佳。少量产品釉层薄而透明，但润感极强。以日用的碗（图8-1）、盘、盏、碟、盏托、壶、盒、盆、五管灯、韩瓶等

---

① 浙江省文物考古研究所、慈溪市文物管理委员会办公室：《慈溪南宋越窑址——2010~2018年调查发掘报告》，文物出版社，2019年。

为主。装饰以刻花为主，亦结合划花及少量的印花。装饰题材以花卉为主，少量为动物纹饰，有荷花纹、莲瓣纹、牡丹纹、菊花纹、摩羯纹（图8-2）等。纹饰风格较为粗放简洁。装烧上分为M形匣钵单件装烧与明火多件叠烧。此类器物无论是从器形、胎釉、装饰还是装烧上看，均与北宋晚期以来的越窑一脉相承。

另一类器物除日用的碗、盘、碟、盏、盒、瓶等以外，还有一批不见于传统越窑的陈设瓷与祭祀用瓷，包括套瓶、梅瓶、玉壶春瓶、炉（图8-3）、觚、钟（图8-4）等。虽然釉色仍以青灰色为基本格调，但釉的润度明显更佳，釉面更加莹润洁净。装饰技法虽然仍是以刻划为主，兼以细划花，也有少量的贴塑，但装饰题材、布局发生很大的改变，主要是各种粗刻花的卷草纹不仅满布于盘类器物的内腹，还通体装饰于碗等器物的外腹，而新出现的云雷纹等则完全不见于传统越窑的装饰题材中。陈设与祭祀用瓷除胎釉特征与传统越窑较为接近外，其造型、装饰属于全新的类型，可能与北方的汝窑、定窑及耀州窑有较为密切的联系。有学者称之为北方风格的青瓷制品。[2]

----

② 谢纯龙：《低岭头类型瓷器研究》，《越窑青瓷与邢窑白瓷研究》，故宫出版社，2013年。

8-1

8-2

8-3

8-4

图8-1　侈口碗
图8-2　碗内刻划摩羯纹
图8-3　炉
图8-4　钟

8-5　　　　　　　　　　8-6

　　乳浊釉产品主要有碗、盘、盏、洗、花盆、尊、罐、瓶、炉（图8-5）、鸟食罐（图8-6）、器座等。胎以青灰色为主，亦出现深黑色。釉色主要有天青、粉青、灰白等，呈乳浊失透状。釉层普遍较厚，除单层釉外，亦出现多层施釉现象。装饰基本为素面，在少量器物如鬲式炉的足部呈出筋状，三足奁式炉的足近似于勾云状。③

　　北宋晚期的越窑逐渐走向衰落，产品种类单一、胎釉质量差，几可用"质粗色恶"来形容，停烧只是迟早的事情。龙泉窑在经历了对越窑全面的模仿而迎来初步发展后，如再亦步亦趋的话，其命运是可想而知的。因此在北宋晚期，龙泉窑面临着产品转型与新出路问题。这其中有闭门造车式创新的压力，但更大的可能是在与国内其他著名窑场的交流、学习中寻求突破。这一时期国内比较著名且影响较大的有耀州窑、湖田窑和定窑等。

（二）耀州窑

　　耀州窑唐代创烧于黄堡镇，五代成熟创新，宋代鼎盛繁荣，金代延续发展，金末元时日渐衰落，明中期停烧。唐代耀州窑先烧黑、白、茶叶末釉和唐三彩、低温单彩等，后又烧黄褐釉瓷和青瓷，水平逐步提高。五代则以青瓷为主，水平迅速提高。宋金耀州窑繁盛时期的青瓷以刻花和印花工艺的大量使用而独具特色，装饰纹样达上百种，其中植物纹样以牡丹、菊、莲为

③　浙江省文物考古研究所、北京大学考古文博学院、慈溪市文物管理委员会：《寺龙口越窑址》，文物出版社，2002年。

主，动物纹样以鱼、鸭、鹅等为主，人物纹样则以体胖态憨的婴戏为最多。[④]

从以墓葬材料为中心的五代至北宋晚期耀州窑分期来看，出土的五代时期耀州窑青瓷器形较为单一，有温碗、执壶、斗笠碗、盏、盏托与器盖等；胎色较深，施化妆土，青釉略呈乳浊失透状；装饰较为简洁，基本为素面，流行花口以及瓜棱腹做法。

北宋早期前段耀州窑青瓷的纪年材料并不丰富，器形单一，包括碗、碟、盏托和瓶等；胎色由五代的深色胎变浅呈灰白色，不再施化妆土，青绿釉玻璃质感强，釉色明亮；器物装饰仍旧较为简洁，基本为素面，流行花口以及瓜棱腹做法。

出土北宋早期后段耀州窑青瓷的遗迹单位明显增加，器物数量与种类亦更加丰富。器形以碗为主，包括花口碗、敞口碗与斗笠碗等，也有盏托、瓶、执壶等，新增加罐、柳斗小钵与葫芦形小瓶。装饰上仍旧以素面为主，流行花口与瓜棱腹做法，但装饰纹样开始较多出现，技法有细线划花、粗刻花、雕刻花与小堆贴、模印，题材主要是各种缠枝花卉及莲瓣纹，缠枝花主要是牡丹。刻花主要是莲瓣纹，刻纹较宽粗；雕刻花减地，纹饰凸起，有浅浮雕效果；小堆贴主要是禽鸟；模印主要是简单的柳条纹。胎釉质量普遍较高，胎质细白致密，釉色青绿，玻璃质感强，不施化妆土。

出土的北宋中期耀州窑青瓷数量与北宋早期后段基本接近，器形以碗、盘、盏为主。除蓝田吕氏家族墓地早期5座墓葬中出土的器物基本沿袭北宋中期的风格，以素面为主外，这一时期开始流行纹饰装饰。粗刻工艺仍旧存在，如碗类器物外腹部的直条纹，但并不发达。繁缛的模印纹饰取代雕刻与粗刻花工艺，题材主要是缠枝花卉，团菊取代了牡丹纹饰。胎釉特征基本接近，灰白色胎，青绿色釉，整体上釉色较北宋早期后段更泛灰，少见雕刻花器物上较为常见的较浅天青色釉。

出土的北宋晚期耀州窑青瓷数量远远超过以往的任何一个时期。器物种类与器形更加丰富多样，除传统的碗、盘、碟以外，还流行各种炉、狻猊出香、瓶、盒、罐、渣斗、执壶、温碗、盏与盏托、簋等（图8-7～图8-9）。装饰上流行繁缛的纹样装饰，粗刻花、印花为主，亦有细线划花，题材主要是缠枝的菊花等。纹饰几乎布满大口碗、盘类器物的内腹，外腹通常再饰以密集的直条

④　禚振西：《中国耀州窑·前言》，《中国耀州窑》，中国华侨出版社，2014年。

8-7

8-8

8-9

图 8-7 北宋晚期耀州窑碗

图 8-8 北宋晚期耀州窑碗

图 8-9 北宋晚期耀州窑执壶

纹，俗称双面工装饰。印花一般在轮廓线内填以细线的茎络纹，使图案的层次更加分明。而刻花工艺除仿印纹的带茎络做法外，亦有仅刻一个轮廓的做法，较为粗率。胎釉特征与北宋中期接近，部分器物更泛黄、泛灰。

（三）定窑

定窑是宋代名窑之一，也是北方地区宋代最具有代表性的白瓷窑场。它是继唐代的邢窑之后兴起的又一大白瓷窑体系。定窑创烧于隋唐，发展于五代与北宋早期，极盛于北宋晚期至金代早期，终于元，以产白瓷著称，兼烧黑釉、酱釉和绿釉瓷，文献分别称其为"黑定""紫定""绿定"。主要产地在今河北省保定市曲阳县的涧磁村、野北村及东燕川村、西燕川村一带，因该地区唐宋时期属定州管辖而得名。定窑是宋金宫廷用瓷的最主要来源地，宋代的"官"字款以及"尚食局""尚药局""乔位"等款识，金代的"尚食局""东宫"款识，以及不少器物上装饰的龙纹，都揭示出其与宫廷的紧密关系。

北宋晚期至金代早期是定窑的鼎盛时期，其产品胎釉洁白细腻、白釉匀净，釉面莹润，流行刻划花与印花装饰。定窑窑业技术、装饰工艺等对中国南方青白瓷的生产有重大的影响。从装饰上看，北宋时期的定窑流行刻划花，而金代的定窑则大量使用印花与模印成型。

8-10　　　　　　　　　　　8-11　　　　　　　　　　　8-12

图 8-10　北宋早期定窑净瓶

图 8-11　北宋中晚期定窑执壶与温碗

图 8-12　北宋中晚期定窑碗

　　北宋早期，定窑器物造型比晚唐五代时期更加丰富，除盘、碗、钵、杯、盏、盒、壶、罐、净瓶（图8-10）、熏炉等器物外，还有白釉海螺、白釉龟等象生瓷及枕等。胎色洁白，胎质细腻。釉色白中泛青，多外壁满釉，底足无釉。装饰增多，流行细线划花，题材有花卉、对蝶等。粗刻的主要是莲瓣纹。

　　北宋中晚期是定窑风格形成并成熟的时期。器物种类丰富，器形复杂多样，以盘、碗、钵等为主，亦有盏、盏托、罐、盒、执壶、梅瓶等（图8-11、图8-12）。胎体轻薄，造型秀丽。胎色洁白，胎质细腻。釉面匀净，釉色白中略泛黄，滋润如玉。开始较多使用芒口覆烧工艺。装饰大量流行刻划花和印花。刻划花题材以花卉纹、水波鱼纹最为常见，亦常用篦状工具表现叶脉、水波等细节。刀法流畅，线条灵动。纹样多简洁明快，构图较简单。北宋后期，定窑将模印成型与印花工艺结合在一起，盘、碗类印花白瓷的产量迅速提高，成为当时的主要品种。印花图案大多构图严谨、满密，富丽堂皇，题材也较刻花大为丰富，主要包括花卉、鱼水、龙凤、蟠螭、狮、鹿、鸳鸯、仙鹤、游鸭、婴戏、博古等。印花成为定窑标志性产品。[5]

⑤　北京艺术博物馆：《中国定窑》，中国华侨出版社，2012年。

从装烧工艺上看，晚唐五代的定窑主要是外底使用细砂在器物与匣钵之间形成间隔以防粘连；北宋时期的正烧器物则满釉，足端刮釉，使用垫饼或垫环在圈足垫烧。

（四）湖田窑

湖田窑创烧于五代，发展于北宋早期，兴盛于北宋中晚期至南宋早期。

五代时期湖田窑规模小，产品单一，主要包括青瓷与白瓷两种，基本为素面，明火裸烧，器物之间使用泥点间隔。

北宋前期是湖田窑青白瓷创烧时期，在五代生产青瓷、白瓷的基础上创烧了青白瓷。器形继承晚唐五代风格，器类较简单，主要有碗、盘、执壶、盏托、盒、注碗、枕等。器物胎体较厚，胎质较粗，器身低矮，器足浅矮宽大，多仿金银器作风，作瓜棱形或葵口式。器物装饰较少，仅在器物外壁用刮刀刮出几道菊瓣或莲瓣，少数装饰折枝牡丹或折枝花果。施釉较薄，釉面浑浊而不透，釉色偏土黄。装烧方式采用匣钵套装，但仍沿用五代时泥点间隔的叠烧方法，注壶则是放在温碗中以支钉相隔一起烧成。

北宋中期是湖田窑青白瓷烧造的发展期，窑址数量多，器物种类丰富，器形多样，烧造技术完全成熟，釉色纯正，釉层色泽如玉，晶莹润澈。器物造型大多高大饱满，有各类枕、梅瓶、温碗、执壶、盏托、高足炉、香熏、折肩钵、唾盂等。产量最大的碗、盘类器足变小变高，器身由矮浅向高深发展，碗壁由上而下逐渐加厚，形成直壁高足。在装饰上出现了刻花、划花、印花、镂空及捏塑技法，刻划花的"半刀泥"技法趋于成熟。碗、盘内底常刻划团龙、水波、云气、牡丹、水草等纹饰。青白釉褐色点彩装饰很有特色。在装烧方式上不再使用泥点间隔的叠烧法，采用垫圈或垫饼垫烧，单件入匣装烧。垫饼放于圈足内，圈足增高，器底增厚。

北宋中晚期，约相当于1064~1127年，湖田窑青白瓷烧造进入鼎盛时期。器物种类大增，造型丰富多彩，制作规整，加工精细，还涌现出大量的陈设瓷器、人物雕塑等新器形。器物表面流行三团鸾、三束莲等团花装饰，箆地折枝花卉、缠枝花卉等主辅纹饰，以及婴戏纹饰、印章款等。装饰细腻，构图活泼，线条流畅，充满浓郁的生活气息。器物胎骨较轻盈，造型挺拔俏丽，玲珑剔透，真正达到了"薄如纸、明如镜、白如玉、声如磬"的"饶玉"标准（图8-13）。装烧工艺上，除了正烧以外，新出现垫钵覆烧用于烧造碗、盘、碟等大口器物，改变一器一

8-13   8-14

图 8-13　北宋中晚期湖田窑盘
图 8-14　北宋中晚期湖田窑装烧痕迹

匣的简单装烧法，大大提高了窑炉的装烧量，覆烧芒口器物往往内外壁都有装
饰（图8-14）。⑥

　　以上耀州窑、定窑和湖田窑三个窑口具有一定的共性：第一，兴盛的时间
均集中在北宋晚期至南宋早期的两宋之际或宋金之际。这一时期是浙江窑业发
展的一个相对空白期，越窑从北宋中期以来持续衰落，到北宋晚期已无可取之
处，南宋初年朝廷的南迁及产品需求仅给其带来了回光返照式的最后荣光，而
龙泉窑在仿越窑的基础上创烧，此时也正逐渐走向与越窑相似的衰亡之路，创
新与突破是其强烈需求。第二，这三个窑口均流行大量的纹饰装饰，在布局上
几乎布满整个器物，甚至内外腹均有。技法上先以刻花为主，后流行印花或印
花与刻花并行，并辅以篦划纹、篦点纹等作为地纹。题材则有包括菊花在内的
各种花卉、鱼戏、禽鸟、婴戏等。这些要素，可以说均在北宋晚期的龙泉窑上
得到了体现。北宋中期越窑风格的龙泉窑流行刻花与划花结合的技法，构图以
对称的屏风式为主，题材则以牡丹为母题，北宋晚期则从对称布局的牡丹纹变
成满布器物内外腹的缠枝菊花，粗线条刻划轮廓，篦划纹为地纹，碗、盘类大
口器物外腹流行使用折扇纹，这类题材至少在耀州窑中亦极为常见。第三，这
些窑口均规模庞大、产量极高、影响很广，并且已经有深入龙泉地区的充分证
据。我们在作为龙泉窑核心的大窑地区采集到了定窑、湖田窑的标本，甚至在

....

⑥　湖田窑的时代特征主要引自江西省文物考古研究所、景德镇民窑博物馆编著《景德镇湖田窑址——
　　1988~1999年考古发掘报告》（文物出版社，2007年）。

一个窑址上采集到多个窑口的标本。至于耀州窑的标本，由于其与龙泉窑的更高度相似性，我们尚未完全辨别出来。标本时代主要集中在北宋晚期，质量普遍较高。这一时期的龙泉窑自身规模已比较大，这些高质量器物作为窑工个人用品的可能性很低，更大的可能是作为窑业交流的样品而输入的。

通过对比，我们发现这一时期的龙泉窑与北宋晚期的耀州窑、定窑、湖田窑在器形、装饰技法、装饰风格、装饰题材等方面有着许多相似性。虽然我们不能完全确定它们交流的途径以及相互关系，但可以肯定的是，龙泉窑与这些窑口有着大量的交集，并且在技法与风格上吸收了一定的营养，从而扭转了与晚期越窑相似的命运，一个因南北窑业技术的激荡而成就的青瓷业集大成者就此喷薄而出。

二　北宋晚期龙泉窑产品渊源

决定一个窑场性质的主要包括器物组合与器形、胎釉特征、装饰技法与内容以及制作与装烧工艺等，下面主要从这几个方面来探讨北宋晚期龙泉窑产品的渊源问题。

（一）器物组合与器形

北宋晚期的龙泉窑产品主要以碗、盘、碟类器物为主，亦有执壶、五管灯、夹层碗、盒、罐、盘口壶、五管瓶、熏炉等。与北宋中期前后相比，多数器物均沿袭淡青釉瓷器而来，包括侈口碗、斗笠碗、五管灯、五管瓶、执壶、盘口瓶、罐、盒等，总体上以继承为主。

但是亦出现一些新的变化，如北宋中期前后的盘器形多较小，而北宋晚期则大型的盘增加，大小不一，成为主流器物之一；北宋中期前后的碟多为卧足或小圈足，腹部较弧，到北宋晚期则基本不见，而北宋晚期的折腹小平厚底碟则不见于北宋中期前后；熏炉的造型更加丰富多样；夹层碗在北宋晚期比例增加，成为主要器形之一。

除器物种类上的这种传承与变化之外，造型的整体风格亦发生了较大的变化：器形大型化且更加厚重，尤其是器物的底部明显加厚，部分碗类器物的圈足变高，但足壁仍旧较直；无论是碗还是盘，侈口的比例有所增加，甚至斗笠碗亦见有相当比例的侈口造型；碗、盘类的花口造型较为少见；执壶发生了明显的变化，从瘦高演变成较为矮胖，但出筋的屏风式布局风格仍旧保留。

北宋中期前后的龙泉窑淡青釉瓷器，无论是器物组合、器形、装饰与装烧等特征均与越窑具有高度的一致性。北宋晚期龙泉窑形成新的风格，开始逐渐挣脱越窑的束缚，走向吸收与创新并存的发展之路，其中最明显的变化就是造型上一改越窑轻巧的风格而趋于厚重质朴。但整体的器物组合上，更多的是沿袭北宋中期前后的龙泉窑淡青釉瓷器，因此器形上仍旧是越窑的一种发展，或者说仍有较多越窑的影子。

（二）胎釉特征

北宋晚期的龙泉窑产品可以称为翠青釉瓷器，多数器物特别是高质量的器物胎色青灰、胎质略粗而有小的气孔，釉色青绿，施釉均匀，釉面均匀而莹润，玻璃质感强，除外底外基本上通体施釉。这种翠青釉既不同于北宋中期前后本地区的淡青色釉，也不同于北宋晚期的越窑釉。北宋晚期的越窑总体上处于衰落状态，釉色青黄或青灰，多数器物釉面干枯而缺乏润泽度，釉层更薄，许多器物施釉不及底，与同时期的龙泉窑相差极大，翠青釉色的出现应该与越窑关系不大。从当时国内的情况来看，定窑以白瓷为主，湖田窑基本为青白瓷，均可排除在外。这一时期最有影响的窑址还有耀州窑。北宋晚期是耀州窑的鼎盛时期，釉色较为苍翠，龙泉窑与其在胎釉特征上存在着许多相似性。

（三）装饰技法与内容

北宋晚期的龙泉窑装饰极为发达，流行粗刻划花技法，以粗线刻划轮廓，内填以极细篦划的茎络纹，轮廓之外再以细篦划纹为地纹，整体上纹饰深而清晰、层次多、布局严谨；碗、盘类大口器物再结合以外腹的折扇纹，称为双面工技法。纹饰主要是缠枝花卉，其中尤以多朵等距布局的缠枝菊瓣纹最具特征。

越窑的装饰在五代北宋时期有一个很清晰的演变过程：五代时期以素面为主要特征—北宋早期流行细划花—北宋中晚期除细划花外亦流行粗刻划花技法。因此粗刻划技法在北宋中期的越窑即已大量出现，广泛见于碗、盘类大口器物的内腹与内底，罐、钵、执壶、盂、熏等深腹或小底类器物的外腹部。北宋中期刻划比较精致细腻，以粗线条刻划轮廓，轮廓线内填以细的茎络纹样。但这些茎络并非以篦状工具刻划，而是单条细划组成。到了北宋晚期，粗刻划纹逐渐简化成仅有外轮廓而不见茎络等填充纹样。纹饰内容主要为牡丹纹，以开花式布局为主，等距或对称布局于深腹或小口类器物的外腹部。盘类大口浅腹器物则以缠枝花卉为主。

北宋晚期的龙泉窑与越窑，无论是在装饰技法还是题材与布局上，差异都是显而易见的，但也存在着一定的联系。

在装饰的刻划技法上，两者存在一定的相似性，均用斜坡状的斜刀法刻划轮廓线，线条较宽而斜浅，风格上略显粗犷。

在装饰的手法上，越窑仅以粗线条刻划轮廓，显得较为平板；龙泉窑则以细线表现细节，并以篦划纹为地纹，层次分明，立体感强。

在装饰的内容上，越窑以牡丹等缠枝花卉为主；龙泉窑则常见有菊花以及莲荷等，碗、盘类器物外腹的折扇纹基本不见于越窑器物上。

在装饰的布局上，越窑的开光式布局基本不见于龙泉窑，而龙泉窑的多朵缠枝菊花等距布局的做法在越窑亦基本不见，内腹为缠枝花卉、外腹为折扇纹的所谓双面工布局亦仅见于龙泉窑。

综上所述，两者应该不属于同一文化系统，北宋晚期的龙泉窑在装饰上应该是更多地接受了越窑之外的窑业文化的影响。

而龙泉窑的这种斜刀的装饰技法以及装饰内容、装饰布局等在耀州窑中可以找到许多相似性，如盘、碗类器物外腹流行折扇纹，碗、盘类器物内腹多朵等距布局缠枝菊瓣纹等。

（四）窑具与装烧工艺

从淡青釉时期的晚期，即相当于北宋中期后段，龙泉窑的窑具除匣钵与垫圈外，开始出现大量的泥质垫饼。匣钵基本为M形，少量的为筒形或钵形。垫圈为环形，胎质相对较细，制作规整。垫饼则为粗陶质，制作不规则而随意。装烧工艺亦由原来的施满釉、圈足内垫圈置于匣钵内单件装烧，变为外底不施釉、圈足内垫饼置于匣钵内垫烧。垫圈与器物之间、垫圈与匣钵之间均使用泥点垫烧，而垫饼、匣钵与器物之间则不再使用泥点间隔。

进入翠青釉时期，匣钵变化不大，仍以M形为主，少量的为筒形或钵形；垫具则均为垫饼或垫柱，不见垫圈。产品由淡青釉时期的满釉为主转向了外底完全不施釉，因此装烧上均使用垫饼（矮圈足或平底器物）或垫柱（三足或高圈足器物）垫烧，而不见垫圈垫烧。垫饼、器物与匣钵之间不再使用泥点间隔。

M形匣钵与垫圈、泥点是越窑青瓷的独特烧造技术，也是区别于其他窑场的重要特征。翠青釉时期的匣钵仍旧沿袭越窑文化传统，而外底不施釉的泥质垫饼垫烧工艺则明显来自浙江地区以外的传统。

放眼北宋中晚期的窑业，定窑为满釉足端刮釉、垫饼垫于圈足上烧造，湖田窑则为外底不施釉、泥质垫饼垫烧。龙泉窑自淡青釉阶段后期开始出现、翠青釉时期以后大量流行的外底不施釉、泥质垫饼垫烧工艺，当来自湖田窑。

因此，北宋晚期的龙泉窑翠青釉瓷器虽然在器物组合上及器形上整体上向更加粗厚发展，但仍主要沿袭北宋中期的本地器物群，更多的是越窑影响的持续；在胎釉特征及装饰上，与同一时期的耀州窑最为接近，两者应该有许多交集。虽然从目前的考古材料来看，两者的交流路径仍旧不是十分清晰，但从耀州窑北宋时期的延续性与龙泉窑北宋时期的断裂性来看，耀州窑影响龙泉窑的可能性比较大。而在装烧技术上，龙窑炉、匣钵等均为越窑当地传统的延续，而外底不施釉、泥质垫饼圈足内垫烧的工艺则主要来自湖田窑。也就是说，北宋晚期的龙泉窑在沿袭早期越窑传统的同时，可能接受了主要来自耀州窑与湖田窑的影响，从而在面貌上发生了巨大的变化。

小　结

北宋晚期到南宋早期的龙泉窑产品与北宋中期的存在巨大的差别：胎体日趋厚重，釉色青翠，以双面刻划花为特征，装烧上基本为外底不施釉、以陶质垫饼在M形匣钵中单件装烧为主。这类产品在浙江与福建两省均有分布，但龙泉地区出现时间早、规模大、产品种类丰富、质量高超、工艺成熟，应该是生产中心所在。而从此类产品在浙江地区的分布来看，也主要集中在浙西与浙南地区，与晚期龙泉窑的分布区域基本重叠，因此我们认为这路产品应该是在龙泉地区创烧后向浙江其他地区辐射出去的。其器物群与匣钵、窑炉等主要是沿袭本地传统，装饰技法、装饰内容以及釉色可能受耀州窑比较大的影响，垫烧工艺则主要来自湖田窑。因此北宋晚期的龙泉窑翠青釉瓷器应该是在本地烧造传统的基础上，主要吸收了耀州窑风格以及部分湖田窑烧造技术而形成的一种新产品类型。

第九章 | **龙泉窑翠青釉瓷器的流布**

翠青釉时期的龙泉窑与淡青釉时期相比，不仅窑址数量迅速增加、规模扩大，而且地域上亦快速扩张：以金村为中心，向北扩张到大窑、石隆、龙泉东区，以及缙云壶镇、金华铁店、黄岩沙埠，最北到了天台一线；往西南过闽北的九龙窑址群一路向南，进入闽南地区；西北方向则进入赣东北一带。遍及浙、闽、赣三省交界处。淡青釉时期的龙泉窑产品产量少、规模小，消费地主要集中在窑场周边地区，而翠青釉时期，伴随着窑场范围的扩张，产品不仅开始在周边流通，而且远超过窑址所在区域，北边到了山东半岛的板桥镇遗址，南边到了广州、香港，浙江的杭州、宁波、温州和江苏的扬州、福建的泉州等沿海城市遗址均有出土，另外江西、安徽的墓葬中，以及日本的博多遗址等亦有少量发现（表9-1）。表明这一时期的龙泉窑已从地方性的窑址演变成全国性的窑场，并开始行销海外。

从龙泉、庆元等窑业中心博物馆收藏以及全国遗址、墓葬出土的翠青釉瓷器数量和种类来看，窑业中心周边仍旧是这一时期龙泉窑产品重要的消费地，出土数量多、种类丰富、质量高、器形复杂。除此之外，杭州上升为重要的消费地，遗址数量多、分布广，出土的龙泉窑翠青釉瓷器数量多、质量高、种类相对丰富。若单从遗址出土的数量上来说，这一时期的杭州是最重要的消费地。

温州朔门古港遗址是出土龙泉窑翠青釉瓷器数量最多的港口遗址，是龙泉窑中转外运最重要的码头。

与淡青釉瓷器类似，龙泉、庆元等市县博物馆收藏的翠青釉瓷器，均为当地文物工作者历年来在乡镇工程建设中采集所得，多数信息已不明确。

表 9-1 北宋晚期龙泉窑出土概况统计表

遗址	时代	数量	器形	特征	出处
浙江龙泉市博物馆	北宋晚期	多	五管瓶、盘口壶、执壶、梅瓶、盒子、碗、盘、碟、小罐、杯子	装饰复杂，常见有各种刻花、篦划与篦点纹，胎釉质量高	《北宋龙泉窑纵论》，文物出版社，2019年
浙江庆元县廊桥博物馆	北宋晚期	多	五管瓶、盘口壶、碗	装饰复杂，常见有各种刻花、篦划与篦点纹，胎釉质量高	《北宋龙泉窑纵论》，文物出版社，2019年
浙江松阳县博物馆	北宋晚期	一定数量	梅瓶、执壶、盒子、碗、盘、碟、小罐、炉	装饰复杂，常见有各种刻花、篦划与篦点纹，胎釉质量高	《北宋龙泉窑纵论》，文物出版社，2019年
浙江杭州余杭古城遗址	北宋晚期	多	碗、盘、炉、碟、执壶	装饰复杂，常见有各种刻花、篦划与篦点纹，胎釉质量高	2022年发掘资料
浙江温州朔门古港遗址	北宋晚期	多	碗、盘、炉、碟	装饰复杂，常见有各种刻花、篦划与篦点纹，胎釉质量高	2022年发掘资料
浙江宁波它山堰遗址	北宋晚期	少	少量碗，偶见碟	双面刻划花，内腹花卉、篦点与篦划纹，较简单；外腹直条纹	南京大学2016年硕士学位论文
浙江宁波永丰库遗址	北宋晚期	少	少量碗	双面刻划花，内腹花卉、篦点与篦划纹，较简单；外腹直条纹	《永丰库——元代仓储遗址发掘报告》，科学出版社，2013年
浙江宁波东门口码头遗址					《再现昔日的文明——东方大港宁波考古研究》，上海三联书店，2005年

遗址	时代	数量	器形	特征	出处
上海青龙镇遗址	北宋末南宋初	有一定数量	碗为主，少量碟	双面刻划花，内腹花卉、篦点与篦划纹，较简单；外腹直条纹	考古领队王建文提供资料
上海马桥遗址	北宋末南宋初	极少	碗	双面刻划花，内腹花卉、篦点与篦划纹，较简单；外腹直条纹	《马桥——1993~1997年发掘报告》，上海书画出版社，2002年
江苏镇江冲照墓	政和三年（1113）	1件	杯	外腹莲瓣纹，莲瓣内有细直条纹	《收藏》2017年第10期
江苏城隍庙街遗址	北宋末南宋初	1件	碗	内腹莲花婴戏加篦点纹，外腹较粗直条纹	《收藏》2017年第10期
江苏东台辞郎村遗址	北宋末南宋初	1件	浅腹碗	内腹篦划纹，外腹素面	《东南文化》2017年第6期
江苏溧阳李彬夫妇墓	元祐六年（1091）	2件	碗	一件外腹直条纹，一件素面	《文物》1980年第5期
江苏盐城宋墓	北宋晚期	1件	碗	内外直条纹	《考古》1999年第4期
江苏扬州城	北宋晚期南宋初	少	碗为主，偶见碟	双面刻划花，内腹花卉、篦点与篦划纹，较简单；外腹直条纹	《扬州城——1987~1998年考古发掘报告》，文物出版社，2010年
福建大练岛沉船	北宋末南宋初	多	碗为主，少量盘	大部分内壁刻划花，亦有少数素面；外腹直条纹较粗	《水下考古学研究（第一辑）》，科学出版社，2012年
福建北土龟礁一号沉船	北宋末南宋初	多	碗为主，少量盘与碟	大部分内壁刻划花、篦点纹，外腹较细直条纹	《水下考古学研究（第一辑）》，科学出版社，2012年
福建泉州府后山遗址	北宋末南宋初	极少	碗	微侈口，双面刻划花，内腹花卉、篦点与篦划纹，较简单；外腹直条纹	《福建文博》2020年第2期

遗址	时代	数量	器形	特征	出处
福建泉州市"市舶司"遗址	北宋晚期	极少	碗	微侈口，双面刻划花，内腹花卉、篦点与篦划纹，较简单；外腹直条纹	《考古》2021年第11期
福建泉州府文庙遗址	北宋末南宋初	极少	碗	近直口，双面刻划花，内腹花卉、篦点纹，较简单；外腹直条纹，外腹施釉不及底。应为福建产品	《福建文博》2020年第1期
福建泉州清净寺奉天坛基址	北宋末南宋初	少量	碗为主，少量碟与炉	双面刻划花，内腹花卉、篦点纹，较简单；外腹直条纹，均较杂乱。应为福建产品	《考古学报》1991年第3期
福建顺昌大坪林场宋墓	北宋晚期	2件	碗	内腹刻花加篦点纹篦划纹，外腹直条纹	《文物》1983年第8期
福建南平宋墓	北宋晚期	1件	五管瓶	内腹刻花加篦点纹、篦划纹，外腹直条纹	《考古》1990年第12期
福建将乐宋墓	北宋晚期	1件	碗	内腹刻花加篦点纹、篦划纹，外腹直条纹	《福建文博》2012年第2期
安徽吴正臣夫妇墓	元祐二年（1087）	1件	碗	微侈口，内腹有篦划纹构成的简单团花，外壁饰折扇纹	《湖南省博物馆馆刊（第十七辑）》，岳麓书社，2021年
广东广州黄金广场遗址	北宋晚期	少量	碗、碟	碗微侈口，一件外腹直条纹，内腹素面；一件外腹直条纹，内腹密集团菊；碟内腹刻花加篦划纹	《羊城考古发现与研究（一）》，文物出版社，2005年

遗址	时代	数量	器形	特征	出处
香港元朗鳌磡石遗址	北宋晚期		碗为主，杯1件	内腹刻花，外腹直条纹	《水下考古学研究（第一辑）》，科学出版社，2012年
香港皇台遗址	北宋晚期	少量	碗、碟类器物	碗内腹刻花，外腹直条纹；碟内腹刻花	《文物》2022年第11期
台湾大坌坑遗址	北宋晚期	极少	碗残片	内腹刻花与篦点纹，外腹直条纹	《福建文博》2010年第1期
广西防城港	北宋晚期	极少	碗残片	内腹刻花与篦点纹，外腹直条纹	调查资料
山东板桥镇遗址	北宋晚期	少量	碗为主，少量盘	内腹刻花、篦点纹、篦划纹，外腹直条纹	《齐鲁文化研究（2010：总第9辑）》，泰山出版社，2010年；《胶州板桥镇遗址考古文物图集》，科学出版社，2014年
日本博多等遗址	北宋末南宋初	少量	碗为主，少量碟与盘	近直口，双面刻划花，内腹花卉、篦点纹，较简单；外腹直条纹	《故宫文物月刊》第311期，2019年；《上海文博》，上海辞书出版社，2020年

一　龙泉窑周边博物馆收藏的龙泉窑翠青釉瓷器

龙泉市博物馆是收藏翠青釉瓷器数量多且种类最丰富、器形最复杂、质量最高的单位。产品种类主要有五管瓶（包括六管瓶、四管瓶等）、盘口瓶、执壶、罐、梅瓶、炉、盒子、碗、夹层碗、盘、碟、杯、盏、盏托等，以五管瓶数量最多、最具特色。

1.五管瓶

以龙泉市博物馆收藏数量最多。器形基本一致：直口，长颈，上腹作多层级形，下腹深弧收，平底带矮圈足。肩部堆塑多个圆管，以五个为主，亦有四管、六管不等。一般通体装饰纹饰，多级腹部多饰直条纹 (图9-1) 等，也

9-1   9-2   9-3

9-4   9-5   9-6

图 9-1　　五管瓶
图 9-2　　五管瓶
图 9-3　　五管瓶
图 9-4　　五管瓶
图 9-5　　五管瓶
图 9-6　　五管瓶

有刻划缠枝花卉（图9-2）、莲瓣纹（图9-3）或简单花卉的（图9-4），下腹部有饰莲瓣纹（参见图9-1）、缠枝花（图9-5）或直条纹（图9-6）等，也有通体素面（图9-7）的。一般带盖，盖作子口笠帽形或母口罩形。盖钮多较复杂，作花蒂形、宝珠形、多层宝珠形等，也有作子口罩形的，极为罕见。装饰技法与题材基本为刻划花。

图 9-7　五管瓶

图 9-8　狗纽变体五管瓶

图 9-9　鸡纽变体五管瓶

9-7　　　　　9-8　　　　　9-9

有两件盖纽分别作狗（图9-8）与鸡（图9-9）形的器物，器身与五管瓶基本一致，但五管演变成扁长条形的牌状，牌面模印有纹饰。

2.盘口壶

主要器形之一，但数量不如五管瓶多。方唇，盘口较小，粗长颈，深弧腹，矮圈足。盘口或作直口（图9-10），或微敛口（图9-11），或敛口近似于珠形（图9-12）。应均带盖，但仅残存部分带盖者。盖多作子口、笠帽形，纽较为复杂，有宝珠、蒂形等。外腹多通体刻划缠枝花卉等纹饰，也有的腹部与五管瓶相似作多层宝塔式（图9-13）。

3.梅瓶

数量不多。直口（图9-14）或小喇叭口（图9-15），短颈，圆隆肩，深弧腹，卧足。腹一般较瘦高，也有较瘦矮的（图9-16）。外腹多刻划缠枝花卉等。一般胎釉质量上乘，釉色青翠，釉面莹润。此类器物应多数带盖。

4.执壶

数量不多。龙泉市博物馆收藏的一件圆唇略凸起，近橄榄形鼓腹，卧足；长弧流，与流相对一侧有曲柄；腹部出筋等分成六部分，除流与柄外的其余四部分均刻花；釉色青翠，质量上乘（图9-17）。松阳县博物馆收藏的执壶为大喇叭形敞口，长颈，溜肩，深腹较鼓，卧足；长弧流、曲柄，肩部有耳面印花的盾牌式耳一对；腹部出筋等分成六部分，通体刻缠枝花卉；胎釉质量极佳（图9-18）。

206　　　　北宋龙泉窑略论稿

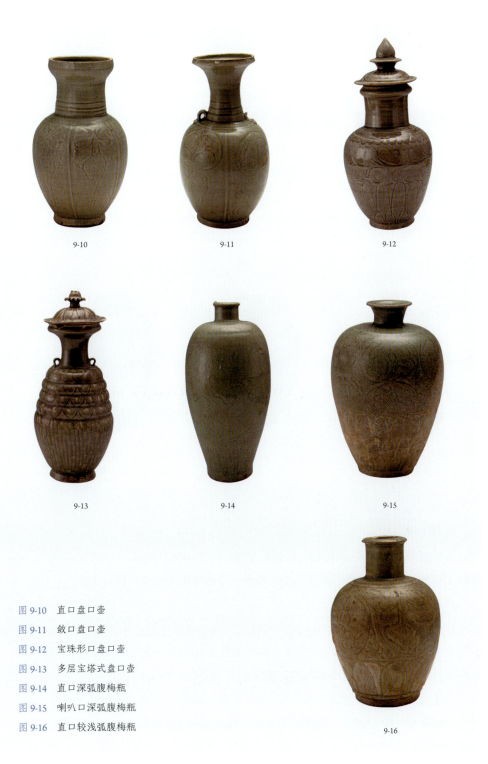

9-10

9-11

9-12

9-13

9-14

9-15

9-16

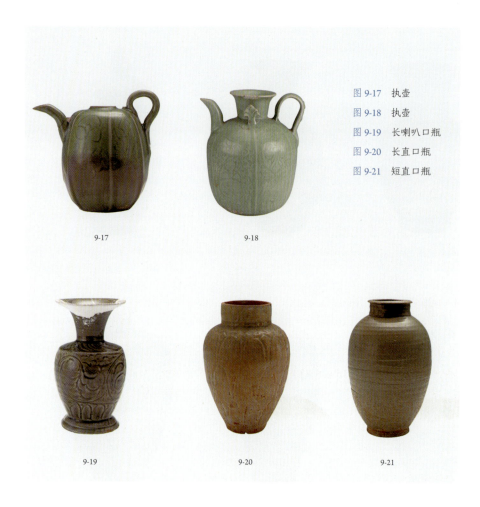

图 9-17　执壶
图 9-18　执壶
图 9-19　长喇叭口瓶
图 9-20　长直口瓶
图 9-21　短直口瓶

9-17　　　　9-18

9-19　　　　9-20　　　　9-21

5. 瓶

有一定数量。器形较复杂，包括长喇叭口（图9-19）、长直口（图9-20）、短直口（图9-21）等，深弧腹，底作圈足或卧足。多通体腹部刻划纹饰。

6. 盒、罐、杯

数量不多。

盒多作扁腹，子母口，小平底，盖面刻花。松阳县博物馆收藏的一件盒子内部有三个小碟，盖内面刻龟鹤，质量上乘（图9-22~图9-26）。

小罐直口，短颈，直腹，小平底；带子口盖，盖面上刻花（图9-27）。

杯子器形一致，直口，直腹，大平底，小矮圈足；外腹多刻划交叉直条纹构成的斜菱形纹（图9-28）。

9-22

9-23

9-27

9-24

9-25

9-26

9-28

图 9-22　盒子
图 9-23　盒子盖面
图 9-24　盒子内腹
图 9-25　盒子盖内面
图 9-26　盒子外底
图 9-27　小罐
图 9-28　杯

7.炉

数量极少。松阳县博物馆收藏的一件炉宽沿，深直腹，平底，足作花口形，原应带盖，质量极佳（图9-29、图9-30）。

8.碗

最主要的器形，数量多。器形较复杂，包括侈口深弧腹（图9-31）、敞口深

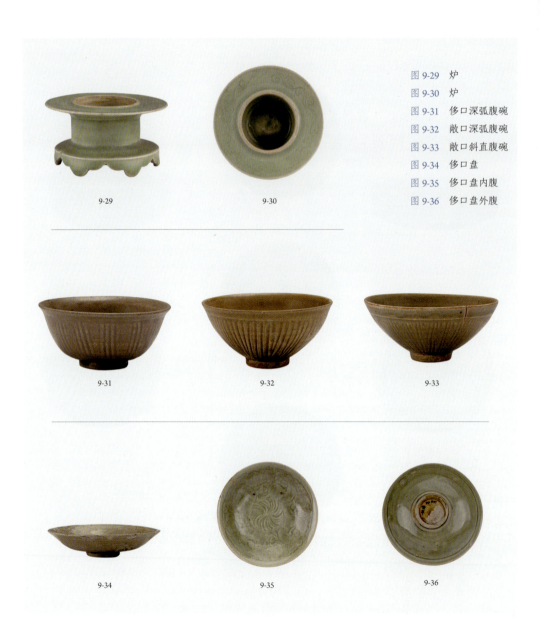

9-29　　　　　　　　　　　　　　9-30

9-31　　　　　　　　9-32　　　　　　　　9-33

9-34　　　　　　　　9-35　　　　　　　　9-36

弧腹（图9-32）、敞口斜直腹（斗笠碗）（图9-33）等，矮圈足。内腹多刻划花，外腹多刻直条纹。

　　9. 盘

　　最主要的器形之一。多侈口、浅坦腹，大平底，矮圈足（图9-34~图9-36）。内腹流行刻划花，外腹流行直条纹。

二 遗址出土的龙泉窑翠青釉瓷器

从目前的考古材料来看，北宋晚期的龙泉窑翠青釉瓷器主要出土于遗址中，以龙泉窑所在的长江下游为中心，北及山东板桥，南到广州、香港、广西防城港一带，主要集中在东南沿海地区，海外亦输出到了日本等东亚地区。其中杭州是出土数量最多的地区。

北宋晚期龙泉窑产品几乎遍及整个杭州城诸遗址中，北边的密渡桥，南边的德寿宫、卷烟厂、净寺，西边的余杭古城遗址等均有出土。器形上以碗、盘类器物为主，亦有夹层碗、碟、杯、炉等，不见龙泉地区大量流行的五管瓶等。

碗主要是敞口深弧腹，内腹主要是刻划花结合篦点纹（图9-37、图9-38），而外腹刻直条纹（图9-39）。也有侈口碗。

9-37

9-38

9-39

图 9-37 杭州德寿宫遗址出土碗

图 9-38 杭州密渡桥遗址出土碗内腹

图 9-39 杭州密渡桥遗址出土碗外腹

9-40

9-41

9-42

图 9-40　杭州密渡桥遗址出土龙泉窑与仿龙泉窑青瓷

图 9-41　香港遗址出土碗内腹

图 9-42　香港遗址出土碗外腹

　　盘主要是侈口或敞口，浅坦腹，大平底，矮圈足。内腹刻划纹，外腹为直条纹。

　　其他器物的数量均比较少。

　　龙泉窑产品的质量普遍极高。除龙泉窑青瓷外，亦有相当数量仿龙泉窑的产品，或胎釉质量比较粗，或外腹施釉不及底，且刻划普遍比较粗率（图9-40）。

　　其他遗址出土的基本以碗为主，有少量的碟与盘，包括香港的遗址（图9-41、图9-42）。

　　海外如日本的博多等遗址有少量的出土，与杭州城相似的是，除了龙泉窑青瓷外亦有部分较粗的产品，可能来自福建地区。

三　墓葬出土的龙泉窑翠青釉瓷器

　　出土龙泉窑翠青釉瓷器的墓葬不多，但范围并不限于龙泉窑周边地区，在江苏、安徽、福建等地区均有少量的出土。单座墓葬中出土的龙泉窑器物数量

亦极少，一般是单件，基本为碗。在
闽北的墓葬中出土有五管瓶等器物，
外下腹刻划缠枝花卉，且这一地区亦
出土早期的龙泉窑淡青釉瓷器，可
以归入早期龙泉窑的中心分布区之
一。江苏镇江冲照和尚墓出土一件
直口杯，外腹为带细直条纹的莲瓣
纹（图9-43）。

图9-43　镇江冲照墓出土龙泉窑瓷器

四　码头遗址出土的龙泉窑翠青釉瓷器

我国沿海港口城市遗址很多，但目前发掘的多为城市遗址，而真正的港口
遗址并不多。能从出土器物痕迹、遗址特征等综合因素确定属于港口遗址的主
要有两处：温州朔门遗址与上海青龙镇遗址。

朔门遗址目前出土的龙泉窑青瓷主要集中在北宋晚期与元明时期，南宋
时期的相对比较少，这一方面可能与该时期港口确实衰落有关，另一个方面
应该与发掘区域有关（图9-44）。北宋晚期的龙泉窑青瓷主要是碗、盘类器物，
流行刻划花装饰，质量较高。此外有一批质量较粗的仿龙泉窑瓷器。这一出土
情况与杭州城基本一致。

图9-44　温州朔门遗址出土器物

图 9-45　上海青龙镇遗址出土器物　　　　　图 9-46　上海青龙镇遗址出土器物

青龙镇遗址出土的北宋晚期瓷器主要是福建地区的青白瓷，龙泉窑数量不多。该遗址经过持续的较大规模发掘，出土器物的绝对数量仅次于杭州城市遗址。主要器形为碗，有少量的盘，特征基本一致（图9-45、图9-46）。

小　结

从目前的考古材料来看，龙泉窑翠青釉瓷器的出土地点远超出窑址中心区，但仍旧以窑址所在的龙泉与庆元出土器物种类最为丰富，诸如五管瓶等器物均集中于此，反映了这一地区独特的文化习俗。除了窑址周边地区外，杭州成了这一时期最重要的消费地，出土数量最多，分布最为广泛，凡是北宋晚期的地层均出土有相关的器物。不过器形较为单一，以碗、盘等日用器为主，有少量的杯、炉、瓶、碟类器物。除龙泉窑青瓷外，还有相当数量的仿龙泉窑青瓷器，胎釉质量普遍较粗。

而从全国的出土情况来看，龙泉窑翠青釉瓷器主要分布于长江下游地区的沿海城市遗址，但数量均不多，海外则已经输出到了日本的博多等地。说明这一时期的龙泉窑已从北宋中期的地方性窑口发展成了具有全国性影响的大窑场。

后　记

　　用传统制瓷业的集大成者来形容龙泉窑当不为过，其窑场分布范围之广、生产规模之大和产品种类之丰富、质量之高、影响之大，宋元时期无出其右者。而这样一个窑场竟处如此叠嶂之中，这山水，一步踏入，再难走出。

　　第一次到龙泉，是在2000年初。过了丽水，山路盘旋，经丘寻壑，翠峰如簇，感叹造化神秀，更惊艳青瓷之绝美，不解之缘就此结下。正式开展工作，则差不多要迟至2010年以后了，而这一待就是四年。从大窑、金村到石隆、溪口，从南区到东区，几乎走遍了所有的窑址，并基本构建了龙泉窑更详细的时空框架。

　　北宋是龙泉窑真正形成的时期。虽然龙泉所在的丽水地区在隋唐时期即开始出现窑业，但一直到五代时期还是不成体系、分布零星。在进入北宋早中期之际，成序列的窑业才在金村地区出现，并由此一路壮大。其窑业技术最终席卷整个东南中国，并远及西亚和东、北非地区。

　　本书是对北宋时期窑业的一个全面整理研究，基本上理清了北宋时期龙泉窑起源、发展、转变，窑业技术的来源、形成、扩张，产品的流布与影响等基本问题。"淡青釉"瓷器的概念已深入人心，指的是北宋早中期最早的龙泉窑青瓷，其窑业技术主要来自越窑，窑场局限于金村地区，生产规模并不大，影响也更多限于周边地区。北宋晚期的青瓷，釉色苍翠如碧，由此首次提出了"翠青釉"瓷器的概念。这一时期或类型的瓷器，窑业中心仍旧在金村地区，但迅速沿瓯江、闽江一路铺陈开来：北路过大窑、石隆沿瓯江进入龙泉东区，之后一支顺江而下抵达温州、台州诸地；另一支跨入金衢盆地，在铁店、碗窑以及赣东的高庄一带形成大的窑址群。南路则沿闽江及其支流进入松溪、浦城等地，在闽南则被称为"珠光青瓷"。其产品的流布，亦远超出了窑场所在的周边地区，北到山东半岛，南及北部湾，沿海的城址、墓葬与港口均有广泛的出土。在北宋政治中心，都城开封州桥遗址出土的龙泉窑瓷器，品质明显更高一筹，初具宫廷用瓷的风范。海外则至少输出到了日本地区。这样的影响力是以前远远没有认识到的，由此，具有广泛影响力的龙泉窑至少在北宋晚期即正式登场。

在龙泉的日子是快乐的：琉华山下，跟大窑村的大叔大爷们一起打麻糍、在墙根下晒太阳，如此惬意；瓯江源头，金村的房东晚上特意挖土蜂蛹熬成汁说要给我补身体（没敢喝，据说大补），如此惭愧又温暖；紧水滩畔，道太下午3点唯一开门小饭店的半个鱼头，如此鲜美；重走当年的"万里"（陈万里）路——由金村出发，过大窑、石隆，止于溪口，披荆斩棘，如此不易。大窑的夜晚是如此黑，星星是如此亮；琉华山的杜鹃花是如此艳，野生猕猴桃是如此甜；瓯江的水是如此清；更重要的是，龙泉的人，与青瓷一样，是如此美。

一路走来，感谢周光贵、吴涛涛、周泽益翻山越岭的陪伴，感谢浙江省文物考古研究所、龙泉市博物馆诸同仁的鼎力支持，感谢罗诗彬在大窑的全程关照，感谢郝雪琳对资料的收集与整理，感谢吴慧、袁悦、翁彦博、陆佳辰、陈吟等同学对全稿的校对，感谢吴慧、唐启迪、潜煜、郑皓元对窑址分布图的重新描绘，感谢所有关心支持的师友。

龙泉，魂牵梦萦！

郑建明
2023 仲秋于复旦园